漆器のある
テーブルセッティング

椀・折敷・重箱など種類や産地から
揃え方、上手な組合せまで

浜 裕子

はじめに

皆さまは「漆器」に対して、どのようなイメージをお持ちでしょうか？高級品、扱いが難しい、お正月に使う特別な器……と思われる方も少なくはないでしょう。たしかに美術工芸品のような扱いで、はっと息をのむほど豪華絢爛に加飾された漆器もあります。しかし本来漆器は、私たちの生活に根づいたものであり、日本の風土、気候、自然の中で縄文時代から育まれてきた器です。海外では漆は「japan」と呼ばれ、ナショナルブランドでもあります。

この本は、現代の私たちのライフスタイルに合った生活に根ざした器として、もっと身近におしゃれに漆器のあるテーブルセッティングを楽しんでいただけたら、というコンセプトで制作にあたりました。

前著『和食器のきほん』の中でもお伝えしましたが、好きな器で食事をするとき、私は理屈抜きで幸せで豊かな気持になります。また、和食器は「生活道具としての器」「お客様をもてなす器」「美しく魅せる器」などの役割を持ちますが、いずれの場合でも実用の器、生活の道具としての器が好きです。これらは、漆器についても同じことがいえます。

本書では、今の時代の気分も反映させながら漆器使いのセオリーを織り交ぜ、春夏秋冬のお祝いや、人が集まるシーンに合わせたセッティング例をご紹介しました。同じ行事であっても食卓に集う人や場の設定が変われば、選ぶ器も変わります。「真」「行」「草」の格を目安にカテゴリー分けをし、解説しました。

手間と時間をかけて生み出された漆器は、手に馴染み、唇に柔らかく、見た目に美しく、私たちの五感に響く存在です。太古には森の民であった日本人としての遺伝子を呼び起こしてくれるような気持ちになります。本書の制作を通して「本物」の漆器の魅力に、ますます惹かれるようになりました。機能性や美しさだけでない、目に見えない自然や時間とのつながりや、次世代につなぐ道具として、または生活財として、愛おしささえ感じるようになりました。

輪島塗、山中塗の塗師の方々、産地の方々、古美術愛好家の柏木真知子さんほか、多くの方からの多大なご協力、ご支援をいただき、一冊にまとめることができました。この場を借りて、深くお礼申し上げます。

本書が、皆さまのお心に残る一冊となれば幸いです。

2017年1月吉日
浜 裕子

Contents

Chapter 2

春夏秋冬・季節の
テーブルセッティングと
漆器の種類

Chapter 3

漆器の産地、
輪島を訪ねる

器の格
「真」「行」「草」について

本書では、テーブルセッティングの例を
「真」「行」「草」のカテゴリーに分けて解説しています。
「真」「行」「草」は本来書道における書体の類型を示すものですが、
華道・茶道・庭園・俳諧・絵画などでもよく使われ、格を表します。

真 (しん)	正格、正統なる格式。現代の和のテーブルセッティングにおいては、正式なフォーマルな場面で使われます。お正月、伝統的な結婚式などがそれにあたります。漆器なら木製で本漆のもので、朱塗(しゅぬり)が格高とされ、次いで真塗(しんぬり)です。
行 (ぎょう)	真に次ぐ、準じる格。セミフォーマルのイメージです。五節句や歳時のお祝い、家族のお祝い、おもてなしの席など、いわゆる「ハレ」の場の想定です。漆器なら、真塗や溜塗(ためぬり)のものなどで、華やかな加飾が施されていてもよいでしょう。
草 (そう)	崩した風雅の体で、茶道において、侘び茶を追求した千利休によって発展しました。より高い精神性や日本の美意識の表現として用いられることもあります。テーブルセッティングにおいては、少し崩した気軽で遊びを入れたものをさします。漆器なら、根来塗(ねごろぬり)や、白木や布目の自然な風合いを残したものもよいですね。

Chapter 1

知っておきたい
漆器のきほん

漆器のおもな産地と特色

森林に恵まれ、良質な木材が採取できる日本には多くの漆器の産地があります。
その中から代表的な16の産地を紹介します。
日本四大漆器産地は会津、山中、越前、紀州です。

❶津軽
青森県

斑点模様の唐塗ほか、ななこ塗、紋紗塗、錦塗に代表される変わり塗を得意とします。堅牢さと優美さを兼ね備え、実用性の高い漆器として有名です。

❷川連（かわつら）
秋田県

漆の代わりに柿渋を用いる渋下地を使用し、価格を抑えながらも日常使いに適した丈夫な漆器を生産しています。椀類が主流ですが、幅広い漆器を扱っています。

❸浄法寺（じょうほうじ）
岩手県

上質な漆の産地であるため、有数の漆器産地として繁栄。深く色艶のある漆本来の美しさが味わえる無地のシンプルな漆器が中心です。

❹会津
福島県

400年の歴史を持ち、消金粉や朱磨きなど、多彩な加飾技術を持ちます。松竹梅と破魔矢を組み合わせた、会津絵と呼ばれる絵柄でも知られています。

❺村上
新潟県

漆を何層も重ねてから絵柄を彫る堆朱（ついしゅ）の技法をベースに発展。木地に絵柄を彫る木彫りと漆技法を合わせた独自の漆器が特徴です。

❻輪島
石川県

日本の漆器を代表する産地。輪島特有の地の粉と、木地を補強する布着せの技術による下地作り、さまざまな上塗の技術で生み出される堅牢優美な漆器が特徴です。

❼山中
石川県

良質な木材に恵まれ、挽物木地の産地として知られます。木地自体に装飾を施す、筋挽きや千筋（せんすじ）、毛筋、糸目などの加飾の技法が豊富です。

❽越前
福井県

日本最古の漆器産地といわれています。渋下地を用いているため非常に丈夫で、業務用の漆器としても高いシェアを誇ります。旅館などでも多く用いられています。

❾若狭
福井県

卵の殻や松葉、菜種やモミ殻などを用いる研出（とぎだし）変わり塗を得意としています。個性的で美しい文様の塗箸が特に人気で、堅牢さも兼ね備えています。

❿木曽
長野県

木地に木曽ヒノキを使った漆器が中心。曲物木地や、木地に直接漆を塗る木曽春慶の技法を得意とし、堅牢な日用漆器が中心です。

⓫飛騨春慶（ひだしゅんけい）
岐阜県高山市

豊富な木材の産地で、木目の美しさを見せるために透明度の高い透漆（すきうるし）で仕上げる春慶塗の産地の代表です。木目の美しさと飴色の光沢が特徴です。

⓬京
京都府

茶の湯文化とともに栄えた産地で、繊細な蒔絵の技術を駆使した優美なデザインが特徴。茶道具を得意とし、尾形光琳の作品や高台寺蒔絵が有名です。

⓭紀州
和歌山県

紀州産のヒノキを使った木地から椀を作り始めたのが製造の始まり。根来塗（ねごろぬり）発祥の地で、渋下地を使った低価格で丈夫な漆器を得意とします。

⓮香川
香川県

彫漆、東南アジアの漆芸を取り入れた蒟醤（きんま）、存清（ぞんせい）、後藤塗、象谷塗（ぞうこくぬり）の5つの独自技法が特徴。高級家具作りでも知られています。

⓯久留米
福岡県

竹を編んだ籠などの製品を木地とし、漆を塗り重ねて仕上げる籃胎（らんたい）漆器の産地。この技術は久留米藩の塗師と籠細工師の技術によって生み出されました。

⓰琉球
沖縄県

14世紀頃、海外との交易用に生産されたのが起源とされています。螺鈿、沈金、箔絵、漆絵、蒔絵といった多様な加飾技術を持ち、豪華で華やかな漆器です。

※本書では輪島、山中、紀州、越前、会津、木曽、飛騨春慶の漆器をおもにコーディネート例で使用しています。

漆器の歴史

「japan」と呼ばれる漆器の歴史は縄文時代にまでさかのぼります。
日本の生活文化に深く根づいてきた漆器の歴史を、
時代を追いながら振り返ります。

●古代

日本の漆器の歴史は古く、縄文時代までさかのぼります。漆は木の器や土器に塗られるなどして利用され、朱やベンガラ色の顔料も使用されていました。螺鈿装飾や水さし、鉢なども遺跡から見つかっています。漆の起源は、中国の 7000 年前を上回り、日本が最古ともいわれています。弥生時代になると塗装技術も簡略化され、シンプルな黒色漆が中心となり、古墳時代、奈良時代に続きます。いずれにしても漆器は、自然崇拝の祭祀に深くかかわっていたと同時に、人々の生活の中で重要な位置を占めていたといわれています。

飛鳥時代に仏教が伝来すると、渡来人の技術も加わり、寺院の美術工芸など新しい漆文化が築き上げられました。

●平安時代

平安時代の宮廷内では漆器の使用が日常化し、朝廷直轄の漆工（漆工芸）が始まります。再び朱塗も登場します。朱塗は権力の象徴となり、貴族や僧侶は、身分によって使用する漆器の色が規定されたといわれています。貴族の調度品のほか、平等院鳳凰堂や中尊寺金色堂などの建物内部が漆で仕上げられました。遣唐使廃止以降は、日本独自の意匠や技法が確立し、京都が漆工芸の中心地となっていきました。

●中世

鎌倉時代には、木材伐採免許が木地師やろくろ師に与えられ、全国に移住した彼らが漆器を広めました。また平蒔絵・高蒔絵・研出蒔絵という現代に伝わる蒔絵の手法は鎌倉時代に確立されました。一方で、安価な渋下地漆器（柿渋と木炭の粉を混ぜたものを下地に塗った漆器）も登場し、漆器は庶民にも急速に広まりました。

室町時代には将軍の庇護のもとで多くの名工が活躍し、高蒔絵と研出蒔絵を併用したより豪奢な肉合蒔絵等の新技法が誕生し、数多くの名品が生まれることとなります。

●近世

安土桃山時代になると、茶の湯の確立とともに茶人の趣向に沿った漆器が多く生まれます。高台寺蒔絵もこの頃に登場します。キリスト教布教のために来日したポルトガル人やオランダ人の目にとまり、螺鈿装飾とともに「南蛮漆器」として輸出され、ヨーロッパの王侯・貴族を魅了します。

江戸時代は、幕府や大名家に仕えた漆工家によって精巧で豪華な蒔絵の調度類が多く制作されるようになりました。また一方で、各藩の産業の奨励によって各地で漆器の産地が形成されるようになり、庶民の間にも生活用品としての漆器が普及するようになります。

●明治時代以降

明治時代は、ヨーロッパでの日本漆器の好評を受け、政府の殖産興業政策による工芸品の輸出奨励策もあり、各地で特色のある漆器が産業としてさらなる発展を遂げることになります。

明治時代の終わり頃から大正時代にかけて、漆は輸出品の重要項目になっていきます。東洋趣味が欧米で流行し、それに向けての漆器が大量に作られるようになりました。その結果、国内産の漆の不足により、輸入漆を使うところもあったり、俄下地などで安価に作られた品質の劣る漆器も出てきました。

また化学技術の発展で、新たな塗料として化学合成樹脂塗料が登場します。漆器風の「樹脂製合成漆器」です。

しかし、環境やエコロジーが問われる現在、木製の本漆が見直されています。本漆を使った器は、抗菌作用、防虫、保湿、接着性に優れたものであるとともに、古代縄文より日本人が培ってきた文化そのものであるのです。そのことを理解し、なぜ漆は「japan」と呼ばれているか……。私たちも、思いを寄せてみる必要があるかもしれません。

漆器の素材と製造方法

木製の木地の上に漆を塗った器が漆器です。
漆の原料は、漆の木から採取された樹液です。伝統的な漆器の製造は、
おもに木地作り、下地作り、塗り、加飾の4つの工程から成ります。

漆器の原料

漆の原料である漆の木は、日本をはじめとする東アジアだけで育ちます。かつては日本でも漆の木を栽培していましたが、現在では90パーセント以上を中国からの輸入に頼っています。漆の木から採取された樹液をろ過したものを生漆といい、これを精製、加工して漆器の製造に使用します。漆の樹液は接着力があり、乾燥させると堅牢になり、塗肌が美しいという天然塗料としての優れた特性を持っています。

漆器の製造工程

1. 木地作り

漆器の土台となるものを木地といいます。木地には古くから木材が使用されてきました。スギやヒノキなどを板状にして組み合わせて器を作る板物木地、ケヤキやトチなどをろくろで成形して椀や皿を作る挽物木地、柾目のある木材を薄い板状にして曲げて作る曲物木地など、多くの手法で木地が作られています。現在では合成樹脂の木地もあります。

2. 下地作り

木地の形を整え、補強し、漆を塗ることができる状態にする工程です。下地塗とも呼ばれます。この工程がしっかりできているかどうかで、塗りの良し悪しや漆器の丈夫さに影響します。下地作りにはいくつか種類や呼び方があります。代表的なものは、生漆に地の粉という土の粉末を混ぜたものを下地として木地に塗り、乾燥・研磨・塗りの作業を繰り返す本堅地、生漆に砥の粉という土の粉末を混ぜたものを使用し、本堅地の工程を簡素化した錆地、生漆の代わりに柿渋汁、地の粉の代わりに炭粉を使う、渋下地があります。

3. 塗り

下地作りが終わった木地に、精製した漆を塗って仕上げる工程です。本堅地の場合は中塗と上塗に分かれます。中塗は、下地をさらに固める効果のある中塗漆を塗り、乾燥させ、研いで形を整える作業です。上塗をより良く仕上げるための土台作りでもあります。付着した不純物を除いて布で拭いたら、上塗をします。チリやホコリが飛散しないように専用の部屋で行い、何度も濾過した純度の高い上質の上塗漆を使います。漆は、透漆、黒漆、朱漆などの好みの漆を塗ります。その後湿度と温度が一定に保たれた環境で乾燥させれば、無地の漆器は完成です。

4. 加飾

上塗が終わった器に文様などを描いて装飾することです。P.12で解説している蒔絵と沈金が代表的です。

❶、❷／椀の木地作り。木材の型をろくろを使って削り、乾燥させながら徐々に成形し、最終的な椀の形に仕上げる。
❸、❹／本堅地の下地作り。地の粉と生漆を混ぜたパテ状のものを最低3回塗り、そのたびに砥石やサンドペーパーで研いで面を平らにする。

加飾について

漆を塗った器に文様などを装飾することを加飾といいます。
華麗で美しい装飾には目を見はるものがあります。
ここでは代表的な蒔絵と沈金などについて解説します。

蒔絵（まきえ）

漆で絵柄を描き、そこに金、銀、錫の金属粉や色粉を蒔きつけ文様を作る技法です。さらに漆を塗り固めるなどしたのち、研磨して金銀の光沢を出します。蒔絵には、いくつかの技法と表現方法があります。

● 平蒔絵（ひらまきえ）

基本となる蒔絵です。筆を使って絵漆（蒔絵の文様を描くために用いる漆。透漆にベンガラを混ぜたもの）で絵柄を描き、金属粉や色粉を蒔きつけ、余分な粉を取り除き乾燥させます。乾燥後に摺漆（すりうるし。金粉の上から透漆を施すこと）を行い、蒔絵粉（金属粉や色粉）で磨き上げます。

● 高蒔絵（たかまきえ）

炭粉や錆漆を使い、絵柄の部分を高く盛り上げる技法です。その上に絵漆で絵柄を描き、金属粉や色粉を蒔きつけ、余分な粉を取り除き乾燥させます。乾燥後に摺漆を行い、蒔絵粉で磨き上げます。

● 研出蒔絵（とぎだしまきえ）

中塗の上に漆で絵柄を描き、比較的粗めの蒔絵粉を蒔きつけ、上塗を行います。乾燥後、炭で絵柄部分を研ぎ出し、磨き上げて仕上げます。

● 肉合研出蒔絵
　（ししあいとぎだしまきえ）

高蒔絵と研出蒔絵を組み合わせた技法です。工程の手順は変わりませんが、炭で研ぎ出す際に平面部と高蒔絵の部分を同じように研がなければなりません。蒔絵の中でももっとも高度な技術が要求されます。

● 螺鈿（らでん）

夜光貝や鮑貝の貝殻を1mmほどに薄く加工して文様を切り抜き、漆面の厚さ分だけ彫ってはめ込む技法です。

● 平文（ひょうもん）

螺鈿の貝に相当する部分を金属の薄い板で行うものです。使用する金属は金、銀、錫の薄板が用いられます。研出などの工程は、蒔絵と同様です。

沈金（ちんきん）

塗り立て（花塗り）の表面に、各種の沈金ノミを使って文様を彫る技法です。彫り終わると薄く漆を張り込み、余分な漆は和紙で拭き取ります。金銀の箔や粉を文様に押しこみ定着させたのちに、余分な箔や、粉を拭き取ると鮮やかな文様が浮かび上がります。輪島塗の沈金はよく知られ、国内各地へも伝承されています。

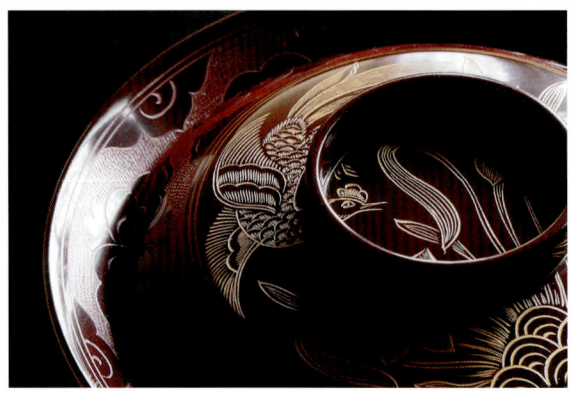

左は沈金、右は蒔絵を施した椀。目を見はるような高度な加飾の技術。

漆の色とおもな塗りと仕上げ

漆の色と、漆器の塗りと仕上げの技法にはさまざまなものがあります。
ここでは本書のテーブルセッティング例で
取り上げているものを中心に紹介します。

漆の色

樹液として採取された漆は乳白色ですが、すぐに酸化を始めて茶色になります。ここから不純物を取り除いたものが生漆で、これを精製する過程で化学反応を起こさせたり、顔料を入れることで漆の色を作ります。黄色、青色、緑などのカラフルな色漆も登場しています。

●透漆（すきうるし）
熱を加えて生漆の水分を蒸発させた半透明の飴色の漆。油分を加えて上塗用としたり、油分を加えず上塗後に使用する研磨用に分けられます。

●黒漆（くろうるし）
生漆に熱を加えて水分を飛ばしたのち、おもに鉄粉を加え、化学反応によって黒色に変化させたものです。

●朱漆（しゅうるし）
透漆に顔料を混ぜて作ります。茶色く落ち着いた色みの本朱、強い朱色やオレンジに近い洗朱、朱に黒漆を混ぜて作られる「うるみ」のほか、ベンガラ色などがあります。

●白漆（しろうるし）
透漆に白粉（チタンや亜鉛華）を加えたもの。透漆が飴色のため茶色を帯びた色になりますが、塗ってから時間がたつと白っぽくなります。

おもな塗りと仕上げ

●変わり塗（かわりぬり）
漆のさまざまな性質を利用した技法。色漆を塗り重ねてまだら模様を作ったり、菜種や卵の殻などを使って文様を作ります。

●春慶塗（しゅんけいぬり）
木地の上に油分を加えた透漆を塗り、表面の漆を通して木目の美しさを見せる技法。月日が経つほど漆が透け、木目がはっきり現れます。

●真塗（しんぬり）
黒漆の中でも艶消し、半艶消しの漆を使ったもの。しっとりとした光沢が特徴です。

●溜塗（ためぬり）
中塗の工程で朱漆を塗り、その上に油分を加えた透漆を厚めに塗って仕上げます。下地に使う漆の色によって見える色合いが異なります。

●布目塗（ぬのめぬり）
下地作りの段階で木地に布を貼り、中塗と上塗を薄めにすることで布目が現れるように仕上げる技法です。

●根来塗（ねごろぬり）
黒漆の上に朱漆を塗り、故意に表面の朱を削ぎ取り、使い込まれた表情を見せる技法です。

●拭漆（ふきうるし）
木地に生漆を塗っては布で拭き取る作業を繰り返し、木目を生かして仕上げます。摺漆とも呼ばれます。

●呂色仕上げ（ろいろしあげ）
研ぎ炭と油分を加えない透漆や黒漆を使い、上塗後の漆器の表面を研いで鏡のように磨きあげる技法です。

漆器の選び方と扱い方

"漆器は生きもの"といわれるほどに繊細ですが、
特徴を知り、扱いに注意をすれば難しいことはありません。
むしろ丈夫なので、良質なものを選べば長く愛用することができます。

漆器の選び方

●選び方のポイント

漆器のよさは、使ってこそ実感できるもの。まずは毎日使う汁椀と箸から揃えることをおすすめします。手に馴染む大きさ、重さ、手触り、口あたり、色や模様などを探してみましょう。日常使いだからこそ、上質なものを選びたいものです。漆器の品質は漆の産地、木地の種類、加飾の種類や工程によって変わります。

外面からはわかりにくいので、しっかりと説明をしてくれる、信用できるショップで選ぶことが大切です。

●漆の色の変化について

漆器は、漆を塗った直後と数年後とでは色合いが変わります。年月を経て、使われるほどに艶やかになり、透明感が増します。これは漆の色を出すための顔料と漆自体の経年変化

によるものです。春慶塗は、塗ってしばらくは木目がはっきりと現れませんが、1〜2年経つと漆が透き通り、木目が浮いて見えるようになります。時間とともに風合いが増し、自然の変化が楽しめるのが漆器を使う喜びでもあります。そのような特性も知ったうえで、長く愛用できる品を選んでください。

漆器の扱い方

●匂いを取るには

新しい漆器を購入した際に匂いが気になったら、箱から出して直射日光を避け、風通しのよい日陰に7〜10日間置きます。急ぐ場合は、米のとぎ汁に少量の酢を加えて温めたものを柔らかい布に含ませて拭き、ぬるま湯で洗う方法もあります。

●使う前に

新しい漆器や長い間使わずにしまってあった漆器は、急に熱いものを注ぐと変色したり木地が変形することがあります。ぬるま湯でさっと洗い、水気を拭き取ってから使用します。

●洗い方

使用後は、なるべく早めに汚れを落とします。油物以外の軽い汚れや匂

いであれば、ぬるま湯でさっと洗う程度で落ちます。汚れがひどい場合は台所用洗剤を使い、柔らかなスポンジや布で洗います。陶磁器などとぶつかると傷のもとですので、漆器だけ別に洗うと安心です。洗い終わったら、すぐに乾いた布で水分をしっかり拭き取ります。ご飯がこびりついた場合は、ぬるま湯を10分程度張ってから洗い流します。蒔絵などの繊細な絵付けのあるものは、強くこすると傷がつき、はがれたりすることもあるので注意が必要です。

●収納の仕方

使用頻度の高いものは、直射日光のあたらない棚に器同士重ねて納めます。このとき、うこん布か、和紙やキッチンペーパーを挟んで収納しま

す。長期間使用しないものは、丁寧に拭いて箱などに入れ、乾燥しすぎない場所に保管するようにします。しまったままにしておくと乾燥しやすいので、点検も兼ねて時々使ったほうが、漆に湿気を与えることができ、長持ちします。

●漆器が苦手なこと

・強い紫外線が苦手。屋外や陽のあたる場所に放置するのは避けます。
・陶磁器とは重ねないこと。傷をつけてしまうことがあります。
・電子レンジやオーブンは厳禁です。食洗機や乾燥機の使用は基本的にNG。
・スチールたわし、かたいスポンジで洗うことは避けます。
・煮沸や、長時間湯水に浸すこと。

木材の型を削り、椀の形に仕上げる。

Chapter 2

春夏秋冬・季節の
テーブルセッティングと
漆器の種類

春のテーブルなので、
漆器も軽やかな印象の白漆や、
艶感のあるものを選び、ソフトなイメージに。
蓋物を二つ並べるときは、
高さや形状が異なるものを選び
バランスをとります。

希望と抱負を
上昇気流に
のせて
晴れやかに

年度の始まりである4月は、新しい
環境やポジション、新天地にて、夢
に向かってまた一歩踏み出せるスタ
ートの時期です。希望に胸を躍らせ、
晴れやかにかつ、気持ちも新たにお
祝いの気持ちを込めたテーブルです。
運気アップ、商売繁盛を示す天平大
雲（てんぴょうおおぐも）を思わせる白漆（しろうるし）の膳を二の膳に見
立ててコーディネート。輪島塗の器
を使い、改まった席の中にも遊び心
を取り入れて、程よい緊張感と若々
しさ、楽しさを同居させた新年度の
お祝いの席です。かの美食家・芸術
家、北大路魯山人が言ったように器
は、「料理の着物」。器が魅力的だと、
自然に会話も弾みます。

ジョージ・ジェンセンのテーブルクロスを敷き、黒い漆器と白漆のモノトーン配色で、上品なコーディネートに。
器の形や描かれた文様からテーマや願いを感じてもらう趣向。

左上／白漆の福々椀。蓋物は開ける楽しみがあり、サプライズ効果のあるおもてなしができる。蓋のつまみに描かれたえんどう豆が春らしい雰囲気。ディテールに遊びがあると粋な印象になる。

右上／白漆の雲型皿。雲の形の皿は、気分まで高らかに昇華させる一品。干菓子を盛ったり、お茶受けなどにも幅広く使えそう。

左下／高台の高さが特徴的な輪島塗の椀。描かれている木賊（とくさ）は、お茶室や日本庭園でも好まれているが、着物や焼き物の文様としても広く使われる。力強く、キリリとした印象に。

右下／山中塗のミニ三段重には、アミューズ・ブッシュを入れて。ミニ重には小豆を詰め、クラッカーを挿してレストランライクに。センニチコウとキイチゴ"ベビーハンズ"のフラワーアレンジメントが色のアクセント。

● 木賊の椀／GALLERY ZIPANG（ギャラリージパング）
● 白漆雲型皿、白漆福々椀／大﨑漆器店

清明の節気
光り輝く季節に
乾杯！

「漆器＝和のテーブル」と思いがち
ですが、洋風のセッティングにも積
極的に漆器を取り入れたいものです。ペパーミントカラーの折敷は、
紀州塗のもの。ブライトカラーの折
敷が、清明の頃、草花が咲き始め、
万物が鋭気に満ち溢れる待ち焦がれ
た春の始まりを一層盛り立てます。
皿と小鉢は、有田焼を選びました。
花器は、ステンレス製のものを合わ
せ、大小をリピートさせて使うこと
でモダンな印象に。ナプキンリング
は、若草色の塗をセレクト。ナプキ
ンとともに、こちらも春を連想させ
る色にこだわりました。軽やかに、
みずみずしいセッティングで春の訪
れを祝いましょう。

ペパーミントカラーの折敷に色を合わせて選
んだ有田焼の小鉢が、まるで花の蕾のように
見えてくるから不思議。動きのあるセッティン
グで楽しく。

【漆器合わせのセオリー】

ブライトカラーを際立たせるには、
白をベースカラーにすると効果的。
際立たせたい色（アクセントカラー）は
全体の配色に対して1〜2の割合で。

●正角折敷（ペパーミントブルー）／島安汎工芸製作所

春の予感！ナチュラルにお茶の時間

春とはいえまだ肌寒い日には、漆器で楽しむ温かいお茶の時間が嬉しいものです。鉄瓶で淹れるほうじ茶はいかが？　ヒノキの木肌にぬくもりを感じる塗のティーマットで、お出迎えしましょう。塗と木肌の組み合わせは和にも洋にも使いやすく親しみやすいので、気軽にお茶を楽しみたいときにぴったりです。冬から春への季節の移ろいを、色と素材で表現しました。朱の鉄瓶とナプキンは、冬の名残り。白木と変根来の皿とマットは、春の息吹。白磁の器とテーブルクロスの素材感が、暖かくなる季節を感じさせてくれます。異なる素材を融合して心地よいバランスをとるのが、カジュアルテーブルの醍醐味です。

● Jウッドくりぬき皿、くりぬき小皿、Njeco汎ランチョンマット（ホワイト）／以上島安汎工芸製作所

【漆器合わせのセオリー】

洋のセッティングは、シリーズで揃えることが王道。ここでは白木と変根来のくりぬき皿のシリーズを使いつつも、磁器を挟み、わざとはずして粋に。

大小の花器にカラー、リキュウソウ、トルコギキョウ、センニチコウをアレンジ。和のセッティングの場合は器であまり高低差を出せないので、花で伸びやかに動きを出す。

椀

【吸物椀】

澄まし汁などを入れる器で、特におもてなしやハレの日に使われることの多い椀です。見返し（椀蓋の裏）や見込み（椀の中）に蒔絵を施したものなどがあり、風雅なサプライズにもなります。

左上／金彩、銀彩で菊と楓が描かれた丸椀。食卓に秋の美しい情景が盛られる。
左下／繊細な沈金の加飾が施された卵形の椀。

右上／秀衡蒔絵（ひでひらまきえ）の端反椀（はぞりわん）。伝統的でクラシックな椀で高級感を醸し出す。
右下／梅の文様が現代的で、時代先取りの印象がある卵形の椀。お正月や、1〜2月のおもてなしの席にぴったり。

一口に椀といってもデザインや形は実にさまざまです。日常椀としては蓋のない汁椀を使用しますが、ここでは、おもてなしやハレの席に使いたい蓋付きの椀を、吸物椀、小吸物椀、雑煮椀、煮物椀の4つに大きく分けて紹介します。蓋付きの椀の魅力は、中の汁が冷めにくいという機能性に加え、料理と器の中の文様への期待を膨らませることにもあります。

【小 吸 物 椀】

一口椀、箸洗（はしあらい）ともいい、小さな蓋付きの塗椀のことです。茶懐石では、少量の味の薄いすまし汁で箸の先をすすぎ、ご馳走を頂いた後の口中を整えるためのものですが、ぜんざいなどの甘味を入れたり、料理のスターターなどにも幅広く使えます。

左上／洗朱（あらいしゅ）に金の線が3筋施された箸洗。モダンにもクラシックにも使えそう。
左下／飛鉋目（とびかんなめ・工具の刃先を使い、連続した削り目をつけること）のケヤキ木地を溜塗で仕上げた椀。

中上／駒のデザインの箸洗。インパクトがあって、モダン。
中下／鈴と愛らしい紐の蒔絵が施された小だるま椀。椀の中にも小ぶりの鈴が描かれている。

右上／松と桜の蒔絵が施され、千筋ほか多種の技法が凝縮された椀。伝統的かつ味わい深いデザイン。
右下／松材を薄手に挽き、竹と梅の蒔絵を施し、トータルでの松竹梅をおしゃれに表現。

椀

【雑 煮 椀】

雑煮椀と吸物椀、煮物椀に厳格な違いはないのですが、吸物椀より大振りの椀を
雑煮椀としているところも多いようです。その名の通り雑煮を盛るための椀です。お正
月に使うものなので、晴れやかで品格のあるものを選びたいものです。

左上／真塗の椀。
左下／雲鶴紋（うんかくもん）が描かれた端
反椀。今年も運気アップの予感。

右上／松と梅、鶴と亀が描かれた蒔絵の朱
塗の椀。
右下／老松の格調高い椀。

【煮 物 椀】

吸物椀より大きく、浅めで蓋付きのものをいいます。本来、茶懐石で煮物椀として用いられていたのは、4つの椀のうちで同色同塗同意匠のもので、形が大きく浅めの平椀でしたが、後に加飾が施された華やかな椀が用いられるようになりました。

左上／存清（ぞんせい）という特殊な技法を用い、牡丹が沈刻（細いノミで溝を掘り、ベンガラ漆の粉を埋め込む輪島独特の手法）された大振りの椀。
左下／網目に金と朱漆で、桜と花びらの品のよい蒔絵が施された椀。

右上／朱の刷毛目を見せた塗に、白漆で描かれた梅の蒔絵が美しい丸型椀。
右下／朱漆で椿紋がバランスよく蒔絵されている、茶人に愛されている石州好（せきしゅうこのみ）椀。

和モダンで
楽しむ
花見の宴
~桜の花びら舞うごとく~

満開の桜からひらひらと舞い散る花びらを愛でながらいただく酒席は、なんとも風情がありますね。そんな季節の情景、移ろいをテーブルコーディネートに盛り込み、和モダンにアレンジしました。昔は花見の際、表が白、裏が花色の「桜襲（さくらがさね）」、紫の濃淡の「菫襲（すみれがさね）」などの着物をまとい、晴れ着で出かけたそうです。本日のゲストは、日頃よりお世話になっている粋なマダムたち。招く側もおめかしをして、器も季節の上質なものでお迎えします。桜の花びらが舞うがごとく描かれた紀州塗の折敷を選び、桜の蒔絵の輪島塗の漆器でおもてなし。料理は、モダン会席を用意します。アミューズ・ブーシュ、先付から始まり、ゆったりと過ごしていただく趣向です。

【漆器合わせのセオリー】

「真」のコーディネートで最も重要なことは、格合わせ。花見のテーマに合わせ、桜の蒔絵の美しく格調高い輪島塗の椀や、ぐい呑みをセレクト。

春の襲（かさね）の色目の「桜」や「菫」をキーカラーとし、伝統的な漆器を使いながらもステンレスのオブジェや、
現代のガラスの器を合わせ、スパイスとメリハリのきいた和モダンなセッティングに。

左上／折敷は、尺二（直径約36cm）
の少し大きめのサイズを使用。蒔絵で
描かれた桜の花びらを隠さないよう、
器の配置は余白を生かして。
右上／中央に黒の長い漆器のトレー
を敷き、ガラスのチロリと桜の蒔絵が
描かれた輪島塗のぐい呑みをセット。
左下／本来、ぐい呑みとして作られた
器を、先付としてコーディネート。料理
をいただいた後に、見込みの桜の蒔
絵が見えてくるのも嬉しいサプライズ。
右下／中央にセッティングしたのは、
ドイツで求めたステンレス製の花器。
サイドに花があるため、今回は、あえて
オブジェとして使用。伝統的な木製の
漆器の中に、シャープな印象のステン
レスがスパイスの役割となり、モダンな
印象に。

●桜尺二丸プレート／島安汎工芸製
作所
●ぐい呑み（黒塗桜蒔絵、溜塗桜蒔
絵）／伝統工芸輪島塗 加藤漆器店

大人女子の
花より団子
カジュアルリッチ
に楽しむ

桜が咲く4月は、ポカポカ陽気の日もあれば、花冷え、花曇りと天気は不安定です。そこで、暖かくした室内で、40代女性を招いての花見女子会を企画しました。仕事やファッション、自分磨き、食べることにも貪欲な今どきの女性たち。弾丸トークも止まりません。料理はお重で用意し、取り分けるスタイルにすれば、招く側も中座せずに楽しめます。前菜は花見弁当風に、竹籠に用意。形の異なる小皿や小鉢を賑々しく合わせ、多くの種類を少しずついただきたい女子のニーズを叶えました。メイン料理や甘味は、中央の三段重にイン。落ち着いた紫色のテーブルクロス、ライラック色のナプキン、オーガンジーのテーブルランナーを使い、女性らしさを演出します。

【漆器合わせのセオリー】

春のシックな配色に、ピンク、紫、シルバーは、欠かせない色。
シルバーの塗の折敷の上は余白を残したセッティングで、
カジュアルな中にも上品さを漂わせます。

三段重を囲みながら取り分けスタイルで楽しむセッティング。前菜は、料理とともにかわいらしい器も愛でていただく趣向。
全体のトーンをシックに穏やかにまとめ、大人女性のカジュアルリッチな印象に。

左上／変根来（かわりねごろ）の塗の蓋とヒノキの木肌を生かした三段重箱。軽くて丈夫で、荷物が多くなってしまうアウトドアのイベントにも重宝するアイテム。ホームパーティーやお菓子のストックにも便利。

右上／桜の箸置き。箸置きこそ、その季節のものを集めておきたいもの。旅行先やセールなどで見つけられたときに購入しておくとよい。

左下／アイボリーの入子（いれこ）のボックス。氷を入れて小瓶用のクーラーにしたり、蓋を組み合わせて三方風にするなど使い方は自由自在。

右下／紀州塗のキャンドルホルダー。本来の使い方以外にも、花を生けるなどアイデア次第で幅広く楽しめるアイテム。桜の開花時期は、外の桜にはかなわないので、テーブルに飾る花の分量は控えめに。

●Njeco汎6寸三段重箱（変根来白）、Jウッドくりぬき小皿／以上島安汎工芸製作所

折敷

折敷とは、「折って敷く」という意味です。昔、木の葉を折り敷いて食器の代用としたものを、後世、ヒノキの片木を押し曲げて角盆にして用い、古名のまま「折敷」と呼んだことに由来します。脚のない膳のことをさし、脚が付いたものは、足付・足打と呼びます。

形は、正角、丸、長手、小判形などバリエーション豊かです。色も赤、黒に限らず、最近では、色折敷もあります。折敷は、朱の四隅を落とした角切を「真」として精進料理に用います。黒塗の「角不切」は「行の真」、「角切」は「行の行」とし、「草」は、春慶・うるみ・摺漆・一閑などで、形も丸盆・半月・扇面など幅広く楽しめます。この一応の格付けを頭の片隅に置き、おおらかにコーディネートを楽しむのがよいでしょう。

❶黒塗 隅切縁高折敷
茶席で使われるほか、コーディネートでは改まった席でも使用できる。

❷本朱 扇面
「草」のコーディネートや、お菓子をのせたり、ティータイムにおすすめ。

❸朱塗 丸形
丸形は洋食器とも組み合わせがしやすい形。正角、丸形は持っていたい折敷の一つ。

❹半月
一汁三菜などの食器が無理なく収まり、使いやすい形。コーディネートに幅広く使える。

以上、折敷4点／大﨑漆器店

精進料理で
もてなす
原点の形

精進料理の本膳で、盂蘭盆会の宴席を作りました。精進料理の漆器は、朱膳(あんぜん)といい、膳を含め全て朱塗りです。総朱の食器は、古くはかなり身分の高い人にしか使用が許されなかったようで、朱は格の高い器とされています。

旧家では、お膳を揃えて、伝統的な村落社会の饗膳スタイルとして盂蘭盆会をはじめ、婚礼、法事などの冠婚葬祭を行ってきました。現代のもてなしの和食の原型は、室町時代に確立された本膳料理といわれ、その原形は精進料理に通じます。こうした席は今では希少ですが、ときには日本人としての本来の行事のあり方、暮らし方に思いを馳せ、先人たちが培ってきた心の財産を絶やさないようにしたいものです。

朱塗は、もっとも格が高いものとされています。
家具膳（本膳料理の器一式）のフォーマルな形は、
膳も含めてすべて朱塗りです。

床の間には、夏のお軸とホオズキ、ハスをあしらった装花。本膳と右側に二の膳をセッティング。
下座には、飯器と湯桶を置く。

輪島塗の膳と器に、輪島の伝統的な
精進料理を盛りつけて。

本膳（左）
左上／壺　冬瓜のあんかけ
右上／膾（なます）　きゅうりと紅白なます
真ん中／香の物
左下／飯　ご飯
右下／汁　味噌汁

二の膳（右）
右上／平　すいぜん（輪島の郷土料理。刺身に見立てたもので、天草ともち米の粉で作られる）
左上／ごまだれ（すいぜんをつけていただく）
左下／猪口　卯の花
右下／汁　吸物

●漆器すべて／大﨑漆器店
●料理／大﨑悦子（大﨑漆器店）

家族で迎える
お盆の会食
～静かなるとき～

家族が集う盆迎えの日、先祖との繋がりに感謝の気持ちを込めた食卓です。お盆にちなんだホオズキや、精霊馬（りょうま）もテーブルに配し、テーマ性を打ち出しました。中央の木製のキャンドルスタンドにはホオズキをセットし、灯りに見立てています。全体にグレーの静かなトーンの中に、ホオズキの朱が動のアクセントです。皿は石川県山代温泉菁華窯（せいか）四代目、須田菁華作の染付太公望（そめつけたいこうぼう）七寸皿。北大路魯山人が、初代から陶芸の手ほどきを受けたことでも有名です。器に描かれたハスの花が涼しげで、お盆の時期にもぴったり。椀は輪島の角有伊（かどゆい）作の合鹿小椀蓋付（ごうろくこわんふたつき）です。家族で集う節目の食卓は、きらびやかさはなくとも、上質な器で演出したいものです。

【漆器合わせのセオリー】

存在感のある作家ものの染付の七寸皿に合わせるには、それに匹敵するほどの力強さのある作家ものの椀でバランスをとります。

お盆から連想するグレーや紫などの濁色の地味なトーンを全体に使い、穏やかにまとめつつ、
朱や黒でキリリと引き締めることでモダンで都会的な印象に。そこに素朴な質感の椀を合わせてぬくもりを加える。

左上／角有伊作の合鹿小椀蓋付。輪島市に隣接する旧柳田村に伝わる合鹿椀は、輪島漆芸のルーツともいわれる。高さのある高台、表面は漆を通して木目が浮かび、素朴でたくましく、どっしりとした力強い存在感を放つ。

右上／紀州塗の入子膳には、夏野菜を供えて。入子膳は、供え物や、テーマ性を打出したいものなど、一段高くして演出できるアイテムなので汎用度が高い。

左下／カットとグラスの形が繊細な薩摩切子のビアグラス。色合いが上品で、染付との相性もよい。

右下／ナスの箸置き。精霊馬にもナスが使われるように、お盆のお供えにも欠かせない夏野菜。紫のランナーとも色をリンクさせ、細部にもテーマ性を出す。

●合鹿小椀蓋付、染付太公望七寸皿、薩摩切子、ナスの箸置き／以上 GALLERY ZIPANG（ギャラリージパング）

モダン
盂蘭盆会

多様化するライフスタイルに合わ
せ、伝統の食卓の在り方やスタイル
も自由に幅広く楽しみたいですね。
モダンにカジュアルダウンしたお盆
の会食の提案です。紺のクロスに白
のランナーでキリリとコントラスト
をつけ、白の紀州塗の折敷に有田の
磁器と越前塗の銀彩小吸物椀を合わ
せました。メタルのようなツルっと
した発色の蓋物珍味入れも越前塗で
す。漆器にガラスやアクリルなど人
工素材を組み合わせ、クールな印象
に。有田焼の鮮やかなピンクの皿と
ナプキン、花の色が彩りを加えます。
箸をきちんと揃えて余白を持たせる
と、遊び心のあるカジュアルなテー
ブルでも、背筋がすっと伸びます。

この食器の組み合わせは、お盆に限らず、春から夏にかけて幅広く使えるコーディネート。
お盆らしさは、ガラスに盛った夏野菜の供え物と花で表現。テーブルが狭い場合は、漆器のお重をフル活用して。

左上／越前塗銀彩小吸物椀。吸い物のほか、小鉢にしたり、甘味を入れたり、自由な発想で使えるのがカジュアルテーブルの楽しさ。

右上／紀州塗の唐草切溜（からくさきりだめ）。商品は三段重だが、バランスを見て二段重として使用。切溜は、昔から生活の器として使われてきた民具の一つ。小さくしまって大きく使う、日本人の知恵と合理性が豊かに調和している器。

左下／銀渦二.二寸珠。一見漆器のようには見えないが、越前塗の蓋物珍味入れ。メタルのような塗が宇宙感を表現。ツルッとした質感がモダンテーブルに合う。

右下／漆の箱の蓋を活用して、花器に。内側に見えないようにフィルムを敷き、吸水させた小さなフローラルフォームをセット。サンタンカ、リンドウ、トラノオの花を夏らしくアレンジ。

重箱

重箱と聞くと、晴れやかな蒔絵や沈金が施されたお正月使いのものを連想される方も多いことでしょう。重箱は、二段重から五段重まで、大きさや形も豊富で、「真」のフォーマルなものから「草」のカジュアル使いまで揃います。冷蔵庫がなかった時代、お正月のおせち料理やハレのお祝いの食卓における格調高い重箱は、保存という機能だけでなく、直会（なおらい）をいただく敬意や家の格など、プレゼンテーションの意味合いを持つ器でもありました。

一方で普段使いや、ちょっとしたホームパーティーや運動会、ピクニックなどにもとても重宝します。また高さがあるので存在感もあり、テーブルコーディネートにおいては、フォーカルポイント的な役割を果たします。シーンに合わせて、格違い、形違い、色違いのものをいくつか持っていると便利です。

❶洗朱塗楕円三段重
箱と箱の間に取り皿を組み合わせてあるので、和に洋にと幅広い用途で使える。

❷白漆丸三段重
宝相華（ほうそうげ）と唐草を繊細な沈刻で表現した三段重。

❸黒塗隅切四段重（重台付き）
桐と唐草がバランスよく蒔絵として施されている。

❹本朱塗角三段重
深みのある本朱塗に、季節にとらわれることのない銀線蒔絵が美しい。

以上、重箱4点／大崎漆器店

祭りのあとの
一献は
ダンディーに

祭りの熱気のあとに、我が家で男性陣のためにしつらえたテーブルです。最近の夫の好きな飲み方は、日本酒のオン・ザ・ロック。Sghr（スガハラ）のグラスでいただくのがお気に入り。市松のチャコールグレーのテーブルクロスに、紀州塗の折敷。片口の酒器は、越前塗の溜塗。皿は、輪島の角有伊作のもの。同じく角有伊作のジャズ椀には、酒のつまみを1種。すっきりと、かつ力強く男前を意識して、ミニマムなセッティングに仕上げました。ムラなく均一に塗るのがあたり前の上塗において、手に直接漆を取り指で塗る角漆工房の技法の器に魅せられて、きっと「俺の器談義」も始まることでしょう。酒を愛し、器を愛する男たちに乾杯。

【漆器合わせのセオリー】

ハードな印象のテーブルにしたい場合は、
光沢が強い美麗な漆器より、
堅牢で厚みのあるものを選びましょう。

ハードで男らしい力強いコーディネートの中に、手ぬぐいは青海波（せいがいは）など夏らしい文様を用意。
夏の花材のヘリコニアや赤のケイトウで躍動感をもたらす。

左上／角有伊作のジャズ椀。指で塗られた漆の赤が印象的な一品。料理も余白を生かして盛りつけたいもの。
右上／紀州塗の折敷に、角有伊作の内わらび紅丸皿。焼物の蓋物には珍味などを入れてもよい。
左下／越前塗の溜塗の片口。酒器の下にはナプキンなどの敷物が1枚あると、テーブルクロスの上に液体が垂れる心配をしなくてもよい。
右下／テーブルフラワーは黒の花器にアレンジ。ヘリコニア、ケイトウ、ニューサイランをグルーピングで配置し、ハードで男性的な印象に。

●内わらび紅丸皿、ジャズ椀（ともに角有伊作）／以上GALLERY ZIPANG（ギャラリージパング）

【漆器合わせのセオリー】

木肌を見せた軽い質感の塗と
網代編みが施された塗は、
カジュアルなテーブルにぴったり。
網代編みの塗を数カ所に展開して、
テーブルにリズムをつけます。

縁日気分で
ビール祭り

花火大会が始まる前の明るいうちか
ら集まり、ビールで盛り上がりまし
ょう、という趣向でしつらえた、縁
日のような楽しいセッティング。日
よけの葦簀（よしず）をテーブルの上に敷いた
ら、一気にお祭り気分になりました。
本来はご飯を入れる飯台には氷を用
意し、臨時のクーラーに。こんな演
出もゲストに喜ばれます。網代編み（あじろ）
風の塗の皿と、豆絞りの箸置き、手
ぬぐいなど、小物使いでもお祭り気
分を盛り上げましょう。ビールは、
山中塗のビアカップでいただきま
す。口あたりが優しく、泡も滑らか
に感じるから不思議です。花火大会
が始まる前に、できあがってしまい
そうです。

テーブルの中央には、ランナーのように板を敷き、食べ物を置くスペースに。飯台の質感に合わせ、籠やざるなど自然素材のもので統一。ここに黒の網代編みの塗の膳や皿を加え、全体を引き締める。大人が楽しむビール祭りのテーブル。

左上／網代編みは、太めで平らな同幅の竹ヒゴを使い、交差を2本または3本飛ばしにし、目をずらしながら編む代表的な技法。隙間なく編んでいくため、丈夫な竹編みに仕上がる。この皿は、網代編み風の転写。

右上／山中塗のビアカップ。軽く口あたりが優しく、季節を問わず重宝する一品。

左下／角有伊作の輪島塗のジャズ椀。力強く存在感のある器だが、どんな料理とも合わせやすく、料理も映える。

右下／網代編みの膳には、そば猪口を並べ、会津塗の鉢に生けたヒマワリ1輪と線香花火を添えた。そば猪口は小鉢や取り鉢にしたりと、幅広く使える。線香花火は夏の風物詩であり、花火大会というテーマを強調するために用意。

●ジャズ椀（角有伊作）／GALLERY ZIPANG（ギャラリージパング）

○五五

皿・鉢

陶磁器同様に、銘々皿、大皿、小鉢、盛鉢があれば万能

漆器も陶磁器同様に、皿の深さによって平皿、深皿、鉢、深鉢があります。五寸皿（直径約15cm）は、パーソナルアイテムとして、銘々皿として幅広く使えます。汁気のある料理には、小鉢があると便利です。七寸（直径約21cm）以上の大皿や盛鉢は、サービスアイテムとして、一つあると重宝します。

行事や四季の絵柄の蒔絵が入ったものは季節ごとに使われ、食卓に彩りを加え、会話のきっかけを作ります。模様が施されていないシンプルな塗は、飽きがこないうえ、季節問わずに使える優れものです。どちらも揃えておくとよいですね。

漆器は、長く使えば使うほど、艶が増し、味が出てきます。木地は木製のもので、お気に入りの器を探したいものです。

❶盛器（輪島塗 本朱塗）
料理が映える盛鉢。
・伝統工芸輪島塗 加藤漆器店

❷大皿（越前塗 溜塗）
サービスアイテムとしてのほか、パーソナルアイテム（1人用の皿）として使えば和モダンな演出ができる。

❸大皿（蒔地）
金属のカトラリーも使える輪島キリモトの代名詞の器。和にも洋のテーブルセッティングにもぴったり。
・小福皿・大（うるみ）／輪島キリモト

❹大皿（千筋）
蒔地同様に、金属のカトラリーが使える皿。モダンなデザインなのでパスタのほか、洋食の盛りつけにも合う。
・千すじリム皿・ねず／輪島キリモト

❺丸皿（色漆 輪島塗）
白漆にカラフルな色漆が施された銘々皿。取り皿のほか、カップのソーサーにしたり、アイデア次第で使い方の幅が出る。　・上塗屋中門漆器店

❻高麗大皿
一見陶磁器のように見えるモダンな漆器。　・黒利休ねずグラデーション／輪島キリモト

❼丸皿（輪島塗グラデーション）
本書では、「秋の実りを祝う 行」のコーディネート（P.70）でスープ皿のソーサーとして使用。銘々皿として使っても。
・大﨑漆器店

❽干菓子皿
中の木目と深い味わいの塗、外側のしっかりとした黒塗が美しい。
・大﨑漆器店

仕事帰りは
クール・
エレガントな
アペロタイム

アペロとは、アペリティフ（食前酒）の略。フランスでは夕刻、夕食前に「ちょっと1杯アペロしない？」と誘い合う習慣があり、日本でいう「お茶しない？」の感覚です。「今日のプレゼンはうまくいったから、軽く乾杯しましょう」とか、知り合って間もない頃などに、少し話をしたい場合のコミュニケーション手段として日本でも広まりつつあるスタイルです。本日のお相手は、マスコミ関係で働く40代のハンサムウーマン。シャンパンとともに漆器のセッティングでアペロを楽しみます。ブルーの地に、金が織り込まれたテーブルクロスは、クールでエレガントな印象。溜塗の越前塗には、タパスを数種盛りつけます。ゲストのイメージに合わせた演出です。

【漆器合わせのセオリー】

クールとエレガントという対極のイメージをともに表現したいときは、
漆器・磁器・ガラス・真鍮・スレートと一見相容れない素材を
微妙なバランスで組み合わせるとまとまります。

スレートや真鍮といったハードな素材や色の中に、漆器の木のぬくもり、シャンパングラスのデザインの繊細さや、
ナプキンワークの曲線、といった異なるイメージの組み合わせ。テーブルクロスの上質感で、エレガントに寄せたセッティング。

左上／本書に何度か登場している山中塗のミニ重。ガラスの長角皿にのせると涼やかに。アペロで用意をするのは、ナッツや乾きものなど簡単なおつまみでもOK。

右上／左のブルーの小鉢は有田焼。右は、下がブルーの真鍮で上が山中塗になったユニークなぐい呑みでkisen（喜泉）のもの。珍味を盛ったり、スパイス入れとして使っても。

左下／溜塗の光沢が夕日に輝き、上質なアペロの時間を演出。箸置きは、クロスに連動させて金色の真鍮をセレクト。箸は紀州塗。

右下／テーブルフラワーは、黒の花器に白のアンスリウムを合わせてモダンな印象に。薄紫のリンドウがエレガントに映る。花材の量が少ない場合は、色や形の選択が重要になる。

夕涼み

行

〇六一

【漆器合わせのセオリー】
同じ緑でも漆の技法や塗で、
発色はさまざま。
同一色をトーンを変えて配色すると
上品で穏やかなイメージに。
白木の折敷には優しい配色が合います。

蝉の声混じり
風鈴の音色に
耳を傾けて

夏の風物詩と聞いて思い出すのは、子供の頃の出来事。夏になると軒下に見た目も涼やかなガラスの江戸風鈴が吊るされ、縁側に座り、うちわで仰ぎながらスイカを食べた記憶がよみがえります。そんな情景を思い起こして玄関先に打ち水をし、蝉の声と混じって聞こえる風鈴の音色に耳を傾ける一席を設けました。私が連想する風の色は、緑色。そこで穏やかな緑のグラデーションでコーディネート。タモの白木の折敷に、緑がかったガラスの器を合わせ、小吸物椀は、山中塗の塗師、辻石斎作の深い緑の塗を選びました。ときにはエアコンを切って窓を開け、風を感じる時間もよいものです。

緑の濃淡で穏やかにまとめ、ガラス器も多用し涼しく見せる工夫をした夏のコーディネート。
漆器もタモの白木の折敷や、加飾が施されていないシンプルな椀を選び、すっきりと。

左上／山中塗の塗師、辻石斎作の小吸物椀。夏の旬の具材でお吸い物などを入れて。

右上／箸置きは、夏の花テッセンが描かれたガラス製。箸は、輪島の乾漆（かんしつ）で、テーマカラーに合わせて緑色をセレクト。

左下／白竹カバー付きオーバル型ガラス皿。編み目がざっくりとしているので透け感があり、ガラスとともに夏の器にぴったり。

右下／グリーンの市松模様の花器を大小組み合わせて花を配し、一つのアレジメントに。緑の色調の中、ピンクのクルクマや、トルコギキョウが華やかさを添える。

● 小吸物椀（辻石斎作）、白竹カバー付きオーバル型ガラス皿／以上
GALLERY ZIPANG（ギャラリージパング）

酒器

場のシーンに合わせて、
ふさわしいものを選びましょう

かつて酒は、日本人にとっては特別な飲み物で、神事や、結婚式など結びつきを深める寄り合いの場などの限られた時にのみ、飲まれていました。日常的に飲酒をするようになったのは近年のことです。そういった歴史から、酒器には儀式と作法がついてくるため、場に応じてふさわしい格のものを選ぶ必要があります。もっとも神聖な盃は、釉薬のかかっていない「かわらけ」（白色の素焼きの土器）ですが、こちらは一度使ったら二度と使わないものです。盃でもっとも一般的なものは、朱塗の盃でしょうか。宴席やお祝いの席では、最初の膳につけられていて、まずはこの盃を上げて宴がスタートするというのが、日本の宴会スタイルです。日常的に使用する酒器は、デザインや塗の好みで選ぶのも楽しいものです。陶磁器やガラス器でいただく酒とは、また違った口あたりが楽しめます。

❶大中小の朱塗の盃
古くは式三献（しきさんこん）の儀式（武家の主従の絆を深める儀式）に使われ、今日では結婚式の三三九度の盃事や、正月の屠蘇器にみられる。

❷銚子
古典的でオーソドックスな黒塗無地の銚子。

❸瓢型酒器（ひさご）
内側には、鶴と亀が細やかに沈金された盃6個が収納されている。遊び心溢れる酒器。

❹朱塗の片口と猪口
四角の形がスタイリッシュで、モダンなコーディネートにもぴったり。

❺黒塗の片口とぐい呑み
漆器のなめらかな口あたりが嬉しいぐい呑み。大きめのぐい呑みは、ときに先付に使ったり、一器多様に楽しめる。

以上、酒器5点／大崎漆器店

越前漆器とは

越前の地、福井県で発展した漆器が越前漆器です。会津漆器、山中漆器、紀州漆器とともに、日本の四大漆器に数えられています。

越前漆器の創始は古く、6世紀にまで遡ると伝えられています。当時の天皇の皇子の冠を漆によって修復し、その仕上がりに皇子が感動し、漆器の生産を奨励したことが越前漆器の始まりだとされています。

越前で漆器作りが発展したのは、良質な木地と漆を得ることができ、漆掻き（漆の樹皮に傷をつけ、にじみ出る生漆をへらでかきとって採集すること）の技術が発達したことにあります。最盛期には、日本にいる漆掻き職人のうち、その約半数が越前の地にいたとも伝えられています。また江戸時代末期になると、ほかの地域で行われていた加飾の技術も取り入れ、優美さも備えるようになりました。

越前で漆器作りが発達した背景には、曹洞宗の大本山永平寺があり、

僧侶が日常的に使う器としての需要があったことが挙げられます。それとともに、浄土真宗の布教が盛んだったこともあります。福井県では戦前まで、「報恩講」と呼ばれる仏事習慣が各家庭で行われていました。これは、浄土真宗の開祖、親鸞の忌日に、報恩謝徳のために行われる法会です。お寺の住職と親戚を招き、精進料理や郷土料理でもてなす際に、家具膳の漆器は欠かせないものでした。

現在では、伝統的な木製の漆器だけでなく、合成樹脂などを使って大量生産に対応し、旅館やレストランなどで使用される外食産業用、業務用の漆器のうち、越前漆器が約8割を占めています。クラシカルなデザインからモダンなものまで、幅広く生産を行っています。「ものづくり」の精神を保ちながら、現代のライフスタイルの中で、越前の地で育まれた漆文化を守り、次世代に伝える努力をしています。

右頁上／左から三方と高杯。神事やお供えに使われていた伝統的な形をモダンに。手前の椀は、伝統的な秀衡椀を業務用にしたもの。右は魯山人が作った日月椀を小ぶりにして業務用に。
右頁下／現代の生活に合うようにデザインされた、モダンな業務用越前漆器。左から、銀彩小吸物椀、銀彩平椀、蓋物珍味入れ、長角皿、折敷。
・右頁の器すべて／漆遊館 澤田与三八堂

【漆器合わせのセオリー】

和のセッティングにおいて「何尽くし」というのは野暮ともいわれますが、菊と梅だけは例外。朱の沈金、蒔絵と格調高い漆器の競演です。

●沈金の杯洗・菊蒔絵の吸物椀／大崎漆器店

格調高く
菊花開の候を
祝う

秋を彩る代表的な花といえば、菊。古代中国から日本に伝わり、宮中では菊花の宴が催され、高貴な花として愛されてきました。器にも菊が数多く描かれています。七十二候の一つ菊花開（きくのはなひらく）の候に、菊尽くしで重陽のお祝いを企画しました。重陽は「菊の節句」とも呼ばれています。紫のテーブルクロスに赤の折敷、ゴールドのグラスを合わせ、色彩も晴れやかでゴージャスに。杯洗（はいせん）は、杯を洗うもので、本来は膳の下に置くもの。ですが菊の沈金が美しく見事なので、水を張って菊の花びらを少し入れ、菊の香りが漂うごとく象徴的な使い方をしました。邪気を祓うともいわれる菊の力を借り、菊花の宴の始まりです。

秋の実りを祝う

真

菊蒔絵の吸物椀。花だけでなく、葉の部分も繊細に描かれた一品。器から季節を感じることができるのは、和食の醍醐味でもある。

秋の実りを
漆器で楽しむ
洋風おもてなし

深まる秋の夜長に、ディナーのお誘いです。漆器というと、和の食卓を思いがちですが、今や漆のカトラリーやスープ椀も揃う時代。洋のおもてなしにも登場させましょう。

テーブルのイメージは、クラシックモダン。センターピースの花は、いつもよりボリュームたっぷりにアレンジし、華やかに。黒のジョージ・ジェンセンのテーブルクロスに朱塗のスープ椀皿が映えます。レザーのプレイスプレートの上には越前塗の溜色のプレートと輪島塗の朱のスープ椀皿をセットし、色のグラデーションを楽しみます。グラスは、カットが施されたクリスタルガラス製。口あたりの優しい総朱のカトラリーは新鮮です。キャンドルに火を灯し、贅沢な時間を楽しみましょう。

【漆器合わせのセオリー】

洋のスタイルなので艶やかな漆器をダブルプレート使いし、高級感を。漆器には原則的に、傷をつけてしまうために金属のカトラリーは使えません。

秋の実りがテーマなので、テーブルの左には栗や秋野菜を盛ってテーマを明確に。
黒のテーブルクロスに朱の皿やカトラリーがひときわ映える。キャンドルで高低差をつけることでより立体的に、華やかに。

左上／輪島塗のスープ椀皿。ソーサーは色がグラデーションになっている。フォルムが美しく繊細で、料理が引き立つ。
右上／センターピースの花は、赤系のダリア、バラ、ケイトウ、アマランサスなどを多めに使ってアレンジ。大輪のダリアが入ると華やかに。
左下／輪島塗のスタイリッシュなカトラリー。柄の部分は銀溜で、モダンなセッティングにも合いそう。
右下／ナプキンワークはふんわりとしたスタイルで。大ぶりのタッセル型のナプキンリングを使い豪華に。

●スープ椀皿／大﨑漆器店
●カトラリー総朱塗銀溜／伝統工芸輪島塗 加藤漆器店

新米が主役の
一汁一菜
〜普段の食卓より〜

我が家の普段の食卓の一例をご紹介しましょう。新米が出回る頃、おいしいごはんが主役のテーブルです。普段の食事なので汁椀も蓋なしです。溜塗の汁椀は、越前塗。半月の折敷に、右に汁椀、左に飯碗、奥におかず用の皿をセットして、箸置きの上に箸を揃えて置けば一汁一菜のお膳のでき上がり。着物のかすりを思わせるようなテーブルクロス、赤絵の大皿の暖色使いと木製のコップが、秋の深まりと温かみを感じさせます。朱塗の三方には、収穫の感謝を込めて稲穂を供えました。日本人の主食は、なんといっても米ですから。稲穂の束の五色のコードには五常の心（仁、義、礼、智，信）を込めて。

こちらの朱の飯椀は、15年ほど前に輪島を旅行した際に購入し、家で毎日使っているもの。白いご飯がおいしく見える。

【漆器合わせのセオリー】
毎日使う漆器は、持ちやすいこと、下地がしっかりとした堅牢なもので、シンプルなデザインがおすすめ。飽きがこなく長く楽しめます。

草

箸・箸置き

「My箸」は、お気に入りを選んで。
箸置きは、季節・テーマ性が大切

箸のみで食事をするのは、日本独自の食文化です。祭事用、日常の食事用、調理用、取り分け用、菓子用と、場によって箸を使い分けます。日常の食事用の箸こそ、毎日使うものなので、持ちやすく、自分のサイズに合ったもので、お気に入りを持ちたいものです。

好みの色や、塗のものを探しましょう。ちなみに私は、輪島塗の乾漆の赤を使っています。丈夫なので、もう10年以上愛用しています。

箸置きは、季節問わず通年で使えるシンプルなデザインのものと、その季節ならではのものがあると食事が一層楽しくなります。旅先などで素敵な品と出会ったら、一期一会の買い物をするのも一興です。季節の箸置きは、会話のきっかけにもなるでしょう。

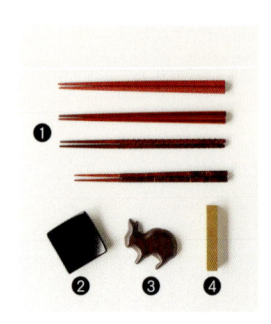

❶箸
上から、箸4膳。輪島塗の乾漆、飛騨の春慶塗、飴色の塗、桜の木の箸。少し短い桜の木の箸は、菓子を取り分けるときに使用している。

❷山中塗の箸置き
シンプルで、季節を問わずに使える。また手塩皿として、塩やきな粉をのせるなどの活用法も。レンゲなどの受け皿にしてもよい。

❸うさぎの形の箸置き
輪島キリモトで購入したうさぎの形の箸置き。月見の時にぴったり。両面で使え、反対面は、「お月見 草」(P.82)のセッティングで使用。

❹紀州塗の箸置き
シンプルで季節を問わずに使えて便利。スタンダードな金、銀を持っていると、コーディネートに幅広く使える。

行

十三夜に
虫の音を
BGMに

旧暦の9月13日の夜の月を十三夜と呼びます。十五夜の1カ月後にあたることから「後の月」とも呼ばれ、少し欠けたしっとりと情緒のある月を鑑賞することができます。月見団子に加えて、枝豆、栗などを供えることから「豆名月」「栗名月」ともいわれます。

秋が深まるにつれ、虫の音もずいぶんと変わってきました。初秋はにぎやかだったのに、虫たちもそろそろ冬支度でしょうか。輪島塗のこおろぎの蒔絵の椀で、移り行く季節を愛おしみながら月を愛でます。酒器は越前塗の片口に、ガラスに漆を塗ったぐい呑みをセレクト。静かに虫の音を感じ、美酒とともに、月や自然とのつながりに感謝し、語らう時間を持ちます。

【漆器合わせのセオリー】

テーマにぴったりの漆器がセレクトできたら、
際立ちすぎず、溶け込みすぎず、
その器が主役として映えるようにコーディネートします。

床の間には、信楽焼（しがらきやき）の花器にススキを大胆にたっぷり生けて月見の宴を盛り上げる。
しっとりとした情緒の中、丸いピンポンマムや黄色の蓋物、うさぎの置物がかわいらしく、カジュアルダウンさせたテーブル。

左上／輪島塗のこおろぎ椀。繊細に描かれたこおろぎの蒔絵が見事で、蓋の形とコロンとした身の形が愛らしい。この時期にしか使えない季節の器。
右上／越前塗の溜塗（ためぬり）の片口とガラスに飛騨の漆が塗られたぐい呑み。艶やかな光沢とマットな塗が絶妙なバランスで、秋のテーブルを彩る。
左下／越前塗の高坏に盛られた13個の月見団子。十三夜なので、下段に9個、上段に4個重ねて13個に。
右下／山中塗の台座の上には、竹で作られた虫籠を。実際に鈴虫などを入れるわけにはいかないが、気配を感じさせる演出アイテムのひとつ。

●こおろぎ椀／大﨑漆器店

十五夜に
月とうさぎ
めでたし!

古来より多産のうさぎは、ツキを呼ぶ動物として器にも多く描かれています。日本人なら、月にはうさぎが住んでいて、十五夜には餅をついているというイメージが刷り込まれていますね。今宵は、望月（十五夜）。テーブルを窓辺に運び、心ゆくまで月を眺めましょう。月とうさぎの物語から随所にうさぎを盛り込んで、月が幸福をもたらしてくれるような遊びのあるテーブルにしました。拭漆や蒔地の手法の漆が、素朴でぬくもりを与えます。箸置きのうさぎも漆です。大振りの古代椀には、十五夜にちなんだ食材で、特製月見椀を作りましょう。月見の夜、ぐっと自然と寄り添える時間になりますように!

木目を生かした拭漆や、布目を見せた椀や盆は、素朴で温かみのある風情。普段の暮らしにも取り入れやすい漆器です。

拭漆四方片口。四角い形がスタイリッシュで、汎用度の高い一品。輪島キリモトが得意とする「剝り木地の口（くりきじのくち）」は切れ味もよい。

● 古代椀／大﨑漆器店
● 拭漆四方片口、蒔地漆皿・中・長手（黒・ベンガラ）／以上輪島キリモト

弁当箱

日本の弁当は、四季折々の食材を一つの小さな箱に彩り豊かに詰め込み世界観を表す文化として、海外からも注目されています。木目が清々しいほどに美しい白木の弁当箱や漆塗の弁当箱は、近年、需要が増え、人気の曲げわっぱなどは、生産が追いつかないほどだとも聞きます。上質でシンプルなデザインの視覚的効果だけでなく、吸湿性、殺菌効果など

もあるといわれています。使う側がきちんと手入れをすれば、白木も長く使えます。どうしても汚れが気になるようなら、塗り直してもらうことも可能です。木地がしっかりとした、良質なものを選びたいものです。塗の弁当箱は、お重のミニ版という感覚で、運動会や、ちょっとした集まりに持参してもよいでしょう。場が華やかになります。

❶竹籠弁当
本書では「お花見 草」(P.32)のセッティングにも登場したもの。中に、小皿、豆皿を入れて花籠御膳のように使用すれば、おもてなしにぴったり。

❷白木の弁当箱・浅型
漆器木地のために、長年落ち着かせた良質なヒノキアスナロ天然木を使用したもの。なめらかな白木が美しい。
・あすなろのBENTO-BAKO・浅型／輪島キリモト

❸白木の弁当箱・深型
優しい色合い、気持ちのよい芳香、耐久性に富み加工性にも優れている品。写真上の浅型を重ねて使うこともできる。　・あすなろのBENTO-BAKO・深型／輪島キリモト

❹大館の曲げわっぱ
シンプルな曲線美が特徴。軽くて白く、香りがよいという特徴をもつ秋田杉の柾目を用いて制作される。疲弊する手仕事産地が多い中、大館は大変活気を帯びている。

❺紀州塗入子ボックス
塗の弁当箱は、華やかさを演出できる。入子になっているので、コンパクトに収納ができる点も嬉しい。

魯山人と山中塗

大正から昭和にかけて名を馳せた、美食家であり芸術家の北大路魯山人。料理を盛るための器の多くを自身で手がけたことは有名です。漆器に関しては、山中塗の第一人者であった二代目辻石斎氏のもとに通い、数々の作品を生み出しました。曽孫である五代目辻石斎さんに、辻家に伝わる当時のエピソードをうかがいました。

「魯山人が初めて山中を訪れたのは大正4年頃です。当時、魯山人は篆刻家・書家として活躍し、金沢の漢学者である細野燕台のもとに食客として招かれていました。その際、彼の家で食事に使われていた特注の器に深く感銘を受けました。燕台の紹介で、陶器は山代温泉の九谷焼窯元、初代須田青華、漆器は私の曽祖父、二代目辻石斎のもとへ出向き、自分にも作らせてほしいと頼んだそうです。二代目石斎は茶道具を手がける名人といわれ、職人としての技術と知識を持ち合わせているだけでなく芸事にも長けていました。魯山人と

は初対面で意気投合。その後、たびたび山中を訪れた魯山人に、漆芸の指南をしました」

当時の魯山人は、漆芸に関しては素人だったそうですが、優れた感性を持ち勉強熱心だったそうです。

「二代目は木地も挽くことができたため、塗りだけでなく、形に関しても好き嫌いの激しい魯山人の要望に応えるには最適な人物だったのでしょう。魯山人のリクエストは想定外のことも多く、苦労もしたようですが、よりよい技法やデザインの提案も惜しまなかったそうです。何より世界観の共有が、優れた器を生み出す大きな原動力でした」

●代表作の「日月椀」

そうした中で生まれたのが、かの有名な「日月椀」です。大正14年に開業した高級会員制料亭「星岡茶寮」の準備を進める中で、魯山人が二代目石斎に制作を依頼し、2人で作り上げました。形は魯山人が好んだ瓢型。胴の滑らかな曲線と、金箔と銀

箔で月と太陽が描かれた独創的な意匠もさることながら、一閑張の技法を取り入れているところにこの椀の特徴はあります。

「木地に和紙を漆で貼り付けていく一閑張は、がさっとした独特の風合いが魅力で、茶道具ではよく用いられる技法です。しかし椀に使うことは、後にも先にもこの日月椀だけでした。一閑張は塗りの工程で行うのですが、むらなくきれいに和紙を貼るには高度な技術が必要でした。また、木地を薄く挽く必要もありました。二代目石斎は両方の技術を持っていたため、完成した椀です。日月椀は、魯山人が生涯好む器となりました」

90年以上前に考案されたこの椀は、当時と変わらない技法で今も辻家で作り続けられています。職人と芸術家、2人のこだわりと友情によって生み出された逸品を、現代の私たちも手にすることができるのです。

五代目辻石斎さんは、1963年石川県山中温泉出身。2003年に五代目石斎を襲名。以降、全国で個展を開催し、国内外で蒔絵の実演を行うなどの活動を行っている。「昔と比べてすべてが機能的でスピーディーになりましたが、時間をかけなければ完成しないものはあります。塗師屋として170年続いてきた辻家の伝統を守りながら、時代に添うものを作っていきたいですね。そして山中塗の技術を後世に残したいと思っています」

上／二代目辻石斎と魯山人が共同で生み出した代表作、一閑張日月椀。木地にはハンサを使用し、下塗後に和紙を貼るため、かなり薄く挽いてある。大胆に施された月と太陽を表す金箔と銀箔は、金沢で生産されたもの。また魯山人はこの部分を窓と考え、思考や季節にちなんだ文字を入れることもあったという。金箔と銀箔は傷がつけば貼り替える

ことができ、文字は墨を使えば洗い落とすこともできたため、実用面でも優れていた。
右／紫金地宝尽蒔絵大棗（むらさききんじたからづくしまきえおおなつめ）。茶道具を得意とする五代目辻石斎さんの代表作の一つ。金粉と紫の漆が調和したボディに程よく宝尽くしの蒔絵が描かれている。

漆の格合わせは、
時代、経年の格合わせも大切。
時代ものには時代もの、
もしくは、その時代に合った
伝統的なデザインを選びます。

暦の節目は
格調高く
寿ぐ心で
幸多き年に

元旦の朝は、新しい年への期待と願いで、晴れやかで清々しい気持ちになります。歳神様に新年の挨拶が終わったら、お供えしていたおせちを直会（なおらい）としていただきましょう。今年も家族の無病息災と一家の繁栄を祈願します。足付の膳に、老松（おいまつ）の蒔絵が見事な輪島の黒塗の雑煮椀と、京都清水焼、梅原南明（うめはらなんめい）作の鶴皿、朱盃を合わせ、格別なる「真」のスタイルで祝います。畳にお膳でいただくことは、今の私たちの生活ではそうないことですので、おのずと背筋が伸びます。程よい緊張感の中、神様、ご先祖様、家族、人、そして自然とのつながりに感謝して。幸多き年になりますように！

床の間には100年ものの輪島塗の重箱と花、おせち料理を詰めた重箱は、まずは床の間で神様にお供えする。
花は菊と松、オンシジウムにロウバイを合わせてアレンジ。

左／丸紋の中に、松竹梅、鶴、亀と、おめでたい吉祥文様が施された重箱。100年という時代を経て、さらに艶やかに趣と輝きを増す逸品。
右／京都清水焼、梅原南明作の鶴皿。「鶴は千年、亀は万年」といわれるように、鶴は、瑞祥の鳥とされ、吉祥文様になっている。美しい立ち姿や飛び交う姿から特に好まれ、器や着物など慶事に使われる。

●重箱、雑煮椀、膳／以上大崎漆器店
●鶴皿、朱盃／以上GALLERY ZIPANG（ギャラリージパング）

行

松の内に
かけて
寿ぎを託す

松の内は、松飾りを飾り、正月を祝う期間のことです。松飾りとは、門松のこと。松飾り（門松）を立ててお迎えした歳神様に滞在していただく期間をさします。地域によって異なりますが、関東では、一般的に1月7日までででしょうか。関西では、1月15日までのところも多いでしょう。

松の内に集う、新年会を兼ねたおもてなしのテーブルです。松の内にかけて、おめでたい松をたくさん盛り込みコーディネートしました。緑色は常盤色（ときわいろ）であることから、松は常盤木と呼ばれ、千年の齢を保つとして吉祥文様の代表格です。新年の寿（ことほ）ぎを、沈金、蒔絵の見事な加飾の漆器に添え、華やかに演出します。

○九一

【漆器合わせのセオリー】

お祝いの席は、
蒔絵や沈金の加飾が施された豪華な漆器と、
吉祥文様のオンパレードで。

新年のテーブルは、清らかな白のテーブルクロスの上に整然とセッティングし、凛とした雰囲気を出したいもの。
四段重を中心に、テーブルアイテムをシンメトリーに配置。常盤色の花器がアクセントに。

左上／我が家のお重は、菊の沈金の四段重。蓋が二つついているので、重陽の節句のときなどには二段重にして使うなど、1年に何回も登場している。お正月は、四段で使用。

右上／老松（おいまつ）文様の輪島塗の溜塗の吸物椀。昭和期に作られた椀。木地が薄く、軽くて繊細。

左下／常盤色の花器には、松の文様が描かれている。サンゴミズキ、松、ミニコチョウラン、3種の花材で作ったアレンジメント。

右下／お正月の間は、神様にお供えしたおせちの直会（なおらい）をいただくという意味合いから、両端が細くなっている、白木の両口箸を箸袋に入れて使用する。

漆器で洋食を
和モダンに！

～今様漆器の楽しみ方～

一連のお正月行事でおせち料理が続くと、パスタが食べたい、カレーライスが食べたいという思いのときはありませんか？かといってお正月用に設えた空間で、洋食器ではない気分のときもありますね。

金属のカトラリーを使っても傷つきにくい漆器で、おしゃれに、和モダンに洋食を楽しむ提案です。従来より存在した下地の蒔地の技法を応用し、輪島キリモトが開発した新しい技法は、ＮＨＫの朝の連続テレビ小説を通じて全国に知られることになりました。赤のテーブルクロスの上に白のブリッジランナーを重ねてコントラストをつけ、蒔地と、輪島キリモト独自の千筋技法で作られた漆器のプレートが際立つようにコーディネートしました。

【漆器合わせのセオリー】
無地でシンプルな形の漆器は、オールシーズン楽しめるので、小物や花で、季節のアクセントを添えます。

輪島キリモトの代名詞ともなった蒔地技法の小福皿。天然木に布着せ、下地を施した後、輪島地の粉と漆を混ぜたものを特殊な刷毛で塗り込み、漆を塗り重ねて仕上げた。

● 千すじリム皿・ねず、小福皿・大（うるみ）、蒔地漆皿、
中・長手（黒とベンガラ）／以上輪島キリモト

カトラリー

カトラリーは、切って（カット）口に運ぶ（ラリー）という語源をもつナイフ、フォーク、スプーンのことです。日本は、箸の国ですから、箸1本で万能の機能を持つのですが、多様化する食生活の中で、漆のカトラリーがあったら嬉しいですね。
漆のカトラリーとして最も身近なのは、匙（スプーン）です。軽くて丈夫、何といっても口に入れたときの優しく温かみのある感覚。病気で食べ物を受け付けられない方が、漆のスプーンだったら口に入れることができたという話を聞いたことがあります。金属の冷たくひやっとする感覚から解放され、優しさに包まれる瞬間を体験して以来、漆のカトラリーは手放せません。

❶サービススプーン（越前塗）
大皿、大鉢から料理を取り分けるときに使用。かわいらしい形状なので、カジュアルな食卓で多用している。

❷普段使いのアイテム
左からバターナイフ、山中塗のレンゲ、紀州塗の姫スプーン。

❸カトラリーセット
（輪島塗 総朱塗銀留）
左からフォーク、ナイフ、スプーン。本書では「秋の実りを祝う 行」（P.70）のコーディネートで使用。スタイリッシュでモダンな演出にぴったり。
・伝統工芸輪島塗 加藤漆器店

❹スプーン＆フォーク（山中塗）
塗が民芸風なので、箸と一緒にセッティングすることが多い。家庭での和洋折衷料理に重宝する一品。

今夜はほっこり
カニ鍋
パーティー

今夜は、日頃よりお世話になっているご夫婦とカニ鍋パーティーです。三川内焼（みかわちやき）の赤楽尺（あからくしゃく）の土鍋を囲み、カニにちなんで赤をテーマカラーにコーディネートしました。

お鍋といえども、おしゃれに楽しみたいもの。折敷を敷き、パーソナルスペースは確保します。先付、お吸い物、お刺身をいただくと、ちょうど鍋の具材に火が通り、食べ頃になります。椀は、菊秀衡蒔絵（きくひでひら）。秀衡椀は、岩手県の平泉に伝わる古代椀の一つで、有職菱文様（ゆうそくひしもんよう）と端反形（はぞり）の高台などに特徴があるクラシックな椀です。お鍋でおもてなし感を出したいときなどに、高級感を醸し出してくれる器です。箸は、春慶塗。折敷に漆の艶やかな光沢が映り込み、身も心も温まります。

【漆器合わせのセオリー】

色とりどりの鍋の具材がテーブルにのることを想定し、折敷、箸置き、椀、片口などの漆器は黒で統一します。

焦げ茶色のテーブルクロスの上に、土鍋や椀の文様、花の赤が映えるようにコーディネート。
ハードな色相の中に光沢感や、際立つ赤があると華やぎが増す。

左上／箸置きとスプーンは、山中塗。箸は春慶塗。春慶は、室町時代に堺の漆工の春慶が創始したといわれる。下地を黄色や赤で着色し、透漆（すきうるし）で上塗する技法。
右上／サービススプーンは越前塗。漆の器と合わせて。おしぼり入れは竹製。
左下／うさぎの五徳。五徳とは、囲炉裏や茶席の炉にセットされるものだが、こんなにかわいらしいものも。
右下／黒の流線形の花器に、菊とモカラをグルーピングで華やかにアレンジ。庭から切った南天の葉と一緒に。

●菊秀衡椀／大﨑漆器店
●三川内焼赤楽尺土鍋／陶香堂

ブイヤベースで
気分は南仏
プロヴァンス！

ムール貝のほか、たくさんの魚介類を入れたブイヤベース鍋はいかが？きれいな色のお鍋をテーブルの中央に置けば、気分もアップしますね。西洋煮込み料理をいただく際にも、我が家では漆器を取り入れます。メタリックな風合いのシルバーの折敷は洋のセッティングにも合い、扱いは楽ですし、スタイリッシュでモダンな印象にもなります。白のミニ重箱は ABS 樹脂製ですが、使いやすい優れものです。皿は有田焼のラスター彩の和皿に鼓型蓋物を組み合わせ、和と洋のクロスオーバーテーブルに。ときには自由に、ボーダレスに楽しみましょう。

鍋を囲んで

草

洋風のセッティングには、立体感が必要不可欠。アミューズスプーンやグラスなどを組み合わせて、折敷を使ったテーブルの演出力を高めます。

【漆器合わせのセオリー】
カジュアルテーブルでは、近代漆器や業務用漆器をうまく取り合わせ、自由に楽しみます。

行

初冬に、
酒器あれこれで
利き酒の会

「おいしいお酒をいただいたので、飲みに来ない?」と、日本酒好きな友人を招きました。酒の肴と日本酒数種類、飲みが中心の利き酒の会になりそうなので、酒器もいくつか用意してセッティング。最初のお酒は、ぐっと大人っぽく男前に、正六角形の輪島塗の布目の銚子と盃でいただきます。六角形は、亀の甲羅に似ていることから、亀甲文様とも呼ばれます。日本では長寿吉兆の象徴「鶴亀」に結びつくため、非常に愛され、多用されている吉祥文様の一つです。中央の会津塗の大鉢も亀甲のものにして、テーマをリピート。会話は、日本の生活文化や、歴史……。アイテムから話題のきっかけを作るのも、コーディネートする側の腕の見せどころです。

一〇五

【漆器合わせのセオリー】

布目の自然な風合いを持つ漆器の酒器を中心に、

合わせるアイテムはハード感や安定感、重量感のある

色と素材からセレクト。

アイボリーの太めの麻糸で織られたテーブルクロスに、黒の漆器やスレートがコントラストを生み出す。
パンチのあるコーディネート。赤とオレンジの少量の花も際立つ。

左上／会津塗の溜塗（ためぬり）の大鉢。酒器とリンクさせ、胴の部分が六角形の亀甲のものを選んだ。アイテムをリピートさせると、テーブルにまとまりが出る。
右上／輪島塗の布目の六角形の酒器。堅牢かつ温かみがあり、独特の存在感を放つ。
左下／スレートに異なるテイストの酒器を並べ、日本酒の飲み比べ。左から辰砂（しんしゃ）、升にボヘミアングラスをセットしたもの、薩摩切子。
右下／黒のキューブ型の花器に、赤とオレンジのベルベットのような手触りのケイトウをあしらい、アクセントに。

●布目の銚子と盃一式／大﨑漆器店
●薩摩切子／GALLERY ZIPANG
（ギャラリージパング）

一〇七

色漆で楽しむ
ポップな宴

遊びの入った色漆（いろうるし）の酒器を使い、日本酒を楽しむセッティングです。白のテーブルクロスに明るいグリーンの色漆。美しい色の組み合わせは、気分を高揚させます。色漆は輪島塗。テーブルセンターに置いたランナーは、富山の高岡漆器。螺鈿（らでん）が組み込まれています。両アイテムとも伝統的な漆の技法を使っていますが、デザインや色に新しい風が入ると、新鮮に感じます。銚子は美濃焼を選び、蓋の渦巻き文様に合わせ、ぐい呑みと有田焼の小皿を揃えました。文様も形も古典的なものですが、色が変わるだけで、ぐっとカジュアルで楽しいテーブルになります。写真の漆器は、塗りあがったばかりですが、長く使い込むことによって、ぐっと色が落ち着きます。経年変化を楽しめるのも、漆器の醍醐味です。

白漆（しろうるし）に顔料を混ぜたカラフルな漆を上塗りした輪島塗のぐい呑み。従来の漆の色のイメージとは、また違った新しい感覚が魅力的。

【漆器合わせのセオリー】

きれいな色みの漆は、軽やかな印象になるように、白やソフトな色、つるっとした質感のアイテムと合わせます。

●テーブルセンター／天野漆器
●皿、ぐい呑み2種／以上上塗屋中門漆器店

日本酒を楽しむ　草

漆器の
新しいスタイル

従来の伝統的な漆器に対して、現代のライフスタイルに合わせた新しい漆器のかたちがあります。漆＋異素材のコラボレーションもその一つ。ここでは、それらの中からおすすめのアイテムを紹介します。どれも日本の伝統と技術を軸に、今の時代を取り入れた、おしゃれでスタイリッシュ、かつ「かわいい」というキーワードが上がってきそうな器たち。安価ではありませんが、実際に使って楽しむ道具としての器で、世界に発信しているものです。

左頁上／**山中漆器と真鍮**

カップの部分は山中漆器、脚は、400年余りのものづくりの伝統が息づく高岡の真鍮を用いたぐい呑みサケカップ。手に持ったときのほどよい重量感と安定感のあるプロポーションが魅力。伝統と技術に柔軟な発想を加えた、新しい価値を提案。
- kisen（喜泉）

左頁下／**木曽漆器とガラス**

ガラスに漆塗りを施した斬新さのある木曽漆器のグラスは、丸嘉小坂漆器店の「百色 -hyakushiki-」と名付けられたシリーズ。一見して漆器、よく見ると実はガラスという意外さも楽しく、現代だからこそ生まれた新たな漆のかたち。

右頁上／**高岡漆器と螺鈿技術**

高岡の伝統工芸、漆と螺鈿を使った折敷。螺鈿は高岡漆器の代表的な技法の一つ。すべてに国産の天然木を使用し、職人による手作業で丁寧に仕上げられている。高岡ならではの螺鈿技法がモダンにスタイリッシュに表現され、和にも洋にも合うテイストに仕上げられている。
- 天野漆器

右頁下／**高岡漆器の螺鈿技術とガラス**

こちらは、ガラスに螺鈿と漆を施したグラス。ガラスの透明感と漆の温もり、螺鈿の輝きが重なり合った逸品。左のグラスは、漆器とガラス、両方の質感と口あたりの違いが楽しめるデザイン。漆が塗ってある部分を持つことで、冷たい飲物を入れたときに冷たさが緩和される。
- 天野漆器

Chapter 3

漆器の産地、
輪島を訪ねる

老舗塗師屋、大﨑漆器店を訪ねて

日本を代表する漆器の産地、石川県輪島市にある大﨑漆器店を訪ねました。迎えてくださったのは、大﨑庄右エ門さんと悦子さんご夫妻です。庄右エ門さんは江戸時代から続く塗師屋（ぬし や）の４代目でいらっしゃいます。塗師屋とは、商品の企画・開発から製造までを統括する、言ってみれば輪島塗の総合プロデューサー。木地作り、下地作り、塗り、加飾と分業体制で行われている漆器作りの仕事をまとめ、お客様との折衝まで含めて対応します。大﨑さんは、堅牢さを追求する本物の輪島塗の精神を貫き、国産漆にこだわった漆器作りをされてきました。この本のテーブルセッティングでも、魅力的な大﨑さんの器を多く使わせていただいています。

大﨑庄右エ門さんと奥様の悦子さん。大正時代に建てられた自宅兼仕事場の、伝統的な塗師屋の建物の前で。

左／大﨑家にある、お客様に紹介するための見本用の椀の数々。これらは大正から昭和にかけて作られたもの。美しい蒔絵の絵柄は、今見てもとてもモダン。

輪島塗と北前船の歴史

輪島塗の起源については諸説ありますが、「輪島」という地名が歴史に登場するのは、室町時代（1393〜1572）中期のことです。和歌山県にある根来寺の僧侶が能登を訪れたときに、湿度や温度などの気候条件が漆芸に適していたことを見抜き、製法を伝えたのが始まりだといわれています。輪島は、古墳時代に、大陸の人々が能登を「倭島」と呼んだ言葉がその語源とされています。

「堅牢優美な漆器」として知られる輪島塗ですが、輪島で漆文化が発展してきた理由はいくつかあります。まず、漆器の素材となる良材が豊富にあったこと、二つ目は、気候風土が漆器の生産に適していたこと、三つ目に、江戸時代には、日本海航路（北前船）の重要な寄港地として運搬に便利であったこと、四つ目には、独自の行商制度、今でいう訪問販売スタイルを行っていたことがあげられます。

江戸時代後期から明治初期まで、北前船を媒介に、西は山口県、北は北海道まで輪島塗が運ばれ、全国にその名を馳せるようになりました。各地の有力な庄屋が来客のもてなし用に使うお膳やお盆などが、当時の主力商品だったようです。

北海道と京都、大阪などを日本海回りで結び、近世物流の大動脈を担った北前船。船主が荷主として日本海の各港に寄港し、買い積み商法と呼ばれる新しい形態の商売（現代の動く総合商社）を確立していきました。北前船は、汽船の発達や鉄道網、通信の普及など、近代化の波に飲まれて、1880年頃から急激に衰退しました。しかし今日も輪島塗は、100工程を超える丁寧な手作業の積み重ねで作られ、品質に誇りをもち、技術を磨き上げながら脈々と受け継がれています。

左／製造途中の漆器。こちらは下地用の漆を塗る前の状態。
右頁／昭和20〜40年代に採取された国産の漆。大﨑漆器店では、アテ（ヒノキアスナロ）の木でできた桶に産地別に分けて保管している。

上／下地塗に使用する輪島地の粉。輪島で採れる良質の珪藻土を燻焼し、粒子にしたもので、堅牢な下地の元となる。
下／丁寧に作られた本物の漆器は修理も可能。こちらは鰻店で20年以上使われている弁当箱を塗り直す作業。

上／地の粉と米糊、生漆をヘラで混ぜて下地用の漆を作る。これを刷毛を使い、器全体に丁寧に厚く均一に塗る。
下／器の薄く欠けやすい部分を布で補強する布着せを行ったあとは、段差をなくすために布の端を削ぎ落とす。

堅牢な輪島塗の秘密

大﨑漆器店の工房にお邪魔しました。堅牢優美で知られる輪島塗ですが、その丈夫さの秘密は下地作りにあります。輪島では、これを「本堅地」という技法で行っています（P.11「下地作り」の項参照）。工程は多いですが、もっとも堅牢に仕上がる方法です。最初に白木地に生漆を染み込ませて木地を強化する「木地固め」を行ったのち、上縁や高台の縁などに麻や綿などの専用の布を漆で貼りつけます。これは「布着せ」という作業で、欠けやすい部分を強化するためです。続いて、生漆に「輪島地の粉」と呼ばれる土の粉を混ぜた、パテ状の下地用の漆を塗っていきますが、この地の粉にも秘密があります。これは輪島で採れる珪藻土を燻焼して粒子にしたもので、硬いガラス質で作られた繊細なスポンジのようなもの。ここに漆が染み込みがっちり固まると、非常に堅く丈夫な下地層ができるのです。この下地用の漆を塗る作業（下地塗）は最低3回行われ、その都度、塗ったら乾燥させ、研ぐ、という作業を繰り返し、堅牢な下地が完成します。

輪島塗の椀ができるまで（抜粋）

1.木地固め
木地の形を整え表面を平らにしたら、全体に生漆を染み込ませて木地を強化する。

2.布着せ
椀の薄く欠けやすい部分に布をあてがい、補強。漆と米糊を混ぜたもので貼る。

3.惣身付け
布と生地の境目に「惣身漆」を塗り、段差をなくす。

4.一辺地付け
輪島地の粉と漆、米糊を混ぜて下地用の漆を作り、1回目の下地塗をする。

5.二辺地付け
一辺地付けのあとに乾燥と空研ぎを行い、2回目の下地塗を行う。

6.三辺地付け
3回目の下地塗をする。回数を追うごとに加える地の粉の粒子は細かくなる。

7.地研ぎ
下地作りの最後の作業。丁寧に水研ぎをし、形を整える。

8.中塗
中塗用の漆を器全体に均一に塗る。これにより上塗で漆を厚く塗ることが可能に。

9.上塗
最終の仕上げ。純度の高い上質の上塗用の漆を数回に分けて塗る。

大﨑家の
普段の食卓
〜生活に根づいた漆器〜

大﨑悦子さんに、普段召し上がって
いらっしゃるものを、とリクエスト
して作っていただいた、能登の食材
を使ったお料理です。たくさんご用
意いただき、前日は準備のため、あ
まりお休みになられていないのでは
と心配する私に、「いつもと変わら
ない日々の食事ですよ」とご主人の
庄右エ門さんはおっしゃいました。
ご家族が集まるときや、職人さんた
ちにちょっとお食事を、というとき、
悦子さんは重箱を利用し、お料理を
取り分けるスタイルにされるそうで
す。今回は、普段使いの漆器提案を
兼ねて、長角、四角、丸、楕円と、
大﨑家で普段使われているさまざま
な形の器に盛りつけました。また普
段使いということで、光沢のある塗
ではなく、布目や蒔地などの器を選
びました。大﨑家の居間に置かれて
いる朱の布目張りの座卓に並べる
と、温もりのある食卓の完成です。
撮影の後、ご夫妻を囲んでお料理を
いただきました。数十年の時を経た
木地や漆を使い、100 以上の工程と
時間をかけて作られた漆器は、その
後長く愛されながら使われるものだ
からこそ、深い味わいが出るのだろ
うと思いました。単に「素敵！　真
似しましょう！」では到底作れない
世界観を大﨑家で感じ、漆器に対す
る見方も変わり、ますます漆器が好
きになったのでした。

料理は左上から時計回りに、柚子釜（柚子と
甘みそ、かつお節を混ぜたもの）、べんこうこ
（大根と身欠きにしんを米麹に漬けたもの）、
いもだこ（クモタコと里芋の煮物）、ブリ入り
紅白なます、しその実とみょうが、そうめんか
ぼちゃの漬け物。

輪島塗で
上質なスイーツタイム

不意のお客様のときなど、市販のお菓子も漆器で供すれば、
上等なおもてなし茶菓子に見えてしまうのから不思議です。
漆の菓子器には和菓子、と思いがちですが、洋菓子との相性もとてもよいのです。
輪島塗と和洋の甘味で、上質なスイーツタイムはいかがでしょう?

朱、内黒の菓子椀に、悦子さんお手製の白
玉ぜんざいを。一口サイズのおせんべいを
漆の豆皿に添えて。関東では、ぜんざいには
塩昆布を添えるのが一般的ですが、輪島で
は、おせんべいだそうです。各地方ならでは
の風習は、興味深いですね。

上／帆かけ船の形をした菓子器にガラスの
レンゲをのせ、抹茶チョコレートをかけたお
せんべいを。レンゲは中央をはずして置き、
余白を持たせます。クラシカルな器も異素材
との組み合わせで、遊びの入ったカジュアル
使いができます。
下／松カサが描かれた菓子皿。コロンとした
一口せんべいを召し上がったあとに現れる
季節の絵柄に、時の移ろいを感じていただく
のも風流です。器に描かれたものを食材でリ
ピートして、テーマ性を強調するときもあれ
ば、食材を重ねないのも美意識の一つです。

上／ススキが描かれた皿に、輪島の銘菓で
ある一口柚餅子を。絵柄を隠さないように並
べました。柚餅子の一つを月に見立て、うさ
ぎの干菓子を添えれば、お月見のコーディネ
ートにも使えそうです。
下／シンプルな黒塗りの皿に、ガラスの器を
組み合わせてフルーツ甘酒を盛りました。漆
＋ガラスは、とても相性がよいもの。例えば、ガ
ラスの器に入った市販のプリンやゼリーの下
に漆の皿を1枚敷くだけで、ぐっとグレードア
ップします。

輪島塗の新しいかたち

一見、漆器とは思えないシックな色みとマットな質感。モダンなデザインに加え、金属のカトラリーを使っても傷がつきにくいことで注目を集める器を開発したのは、輪島キリモト代表の桐本泰一さんです。

輪島キリモトは、江戸時代後期から約200年以上、七代にわたって木と漆の仕事に携わってきました。子供の頃から家業を継ぐ意識はあった桐本さん。大学時代に、デザインの授業で聞いた「デザインは、人々が暮らしの中で気持ちよくホッとするため、便利になるためのもの」という言葉が、進むべき具体的な方向を決定づけました。

「高級美術工芸品というイメージの輪島塗ですが、日々の生活で気兼ねなく使える堅牢さを持ち合わせていることが最大の特徴。この伝統技術を生かし、今の食生活に合った、洋食器のようにも使える漆器はできないかと考えました」（桐本さん）

そこで開発したのが、蒔地技法による器です。輪島の漆器は、「本堅地」という技法で下地作りを行います（P.119参照）。下地を作る際には、ガラスのような性質を持つ「輪島地の粉」と呼ばれる珪藻土の粉末を使用します。蒔地技法では、下地を施したあと、表面に近い部分で再びこの珪藻土をふりかけ、さらに漆を塗り重ねます。こうすることで器の表面硬度が高まり、独特のマットな漆肌と金属のカトラリーにも負けない丈夫さを実現させました。

さらに桐本さんは、塗りの際の刷毛目を生かして仕上げる「千すじ」という技法を使った器も開発。一見地味な色みの器ですが、スタイリッシュでパスタなどの料理に合わせやすく若い層を中心に人気だそうです。家具や建築内装に至るまでのプロデュースを行い、東京の有名外資系ホテルに漆のカウンターを納めるなど、活動の幅を広げている桐本さん。「私の拠点はあくまでも輪島。輪島キリモトとして漆でできることはないか、人の役に立つ方法はないかと、常に考えています」。伝統を時代に沿って進化させていきたいという、真摯な思いが伝わってきます。

輪島キリモト代表の桐本泰一さんは、1962年石川県輪島市生まれ。筑波大学芸術専門学群生産デザインコース卒業。コクヨ（株）の意匠設計部でオフィスプランニングに携わったのちに帰郷し、家業である輪島朴木地（ほうきじ）工芸桐本木工所へ入社。木地職見習いを経て、漆器デザインの提案や監修、創作活動を始める。

P.94のテーブルセッティングでも使用している「千すじシリーズ」の器。今から45年ほど前、輪島を訪ねたイギリス工芸家、バーナード・リーチが下地段階の器を見て「完成しているじゃないか！」と言った言葉から創作。そのイメージからシックな色に仕上げた。蒔地の製品同様、表面硬度も高く、傷つきにくいため普段使いにも適している。

一二五

漆器に出会える店

本書の中で紹介した漆器にも出会える、
おすすめの漆器店を紹介します。
カジュアルなものから格調高いものまで、
さまざまな器が揃います。

GALLERY ZIPANG（ギャラリージパング）
作家ものから普段使いの漆器・古伊万里・洋食器など、厳選されたアイテムが揃う。店頭には月替わりでテーブルコーディネートを展示。
◎神奈川県横浜市青葉区新石川1-8 あざみ野イースタンビル1F
◎TEL：045-508-9623

京漆器 象彦 東京日本橋店
暮らしに寄り添う漆器からおもてなしの器、芸術作品までを扱う京漆器の老舗。P.86に登場していただいた辻石斎さんの作品も扱う。
◎東京都中央区日本橋本町2-2-2 1F
◎TEL：03-3510-1751　◎http://www.zohiko.co.jp/

株式会社 西山漆器
東京・かっぱ橋道具街でもっとも古い漆器専門店。プロ向けはもちろん、高級漆器から日常使いの器までの豊富な品揃え。
◎東京都台東区西浅草3-24-3
◎TEL：03-3841-8831　◎http://www.shikki.jp/

萬有庵 by 辻石斎
P.86で紹介している、北大路魯山人ゆかりの山中塗に出会える店。日月椀をはじめとする魯山人の作品のほか、ここにしかない贈答用品も揃う。
◎石川県加賀市山代温泉20-43-2 エアビル1F
◎TEL：0761-76-1941　◎http://www.rosanjin-banyuan.com/

輪島キリモト・輪島本町店
P.124に登場していただいた桐本泰一さんが代表を務める輪島の創作工房直営店。工房見学可能。ほかに金沢店、日本橋三越店も。
◎石川県輪島市河井町1-172（本町店）同市杉平町成坪32（工房）
◎TEL：0768-22-0842（工房）　◎http://www.kirimoto.net/

撮影協力 (50音順)

天野漆器 株式会社
所在地:富山県高岡市波岡245
TEL:0766-23-2151
http://www.amanoshikki.com/
E-mail:amano@amanoshikki.com

大﨑漆器店
所在地:石川県輪島市鳳至町上町28
TEL:0768-22-0128
http://www.osakisyoemon.ne.jp/
E-mail:syoemon@arrow.ocn.ne.jp

<small>地域団体商標登録「輪島塗」第5027991号</small>
伝統工芸輪島塗 加藤漆器店
所在地:石川県輪島市鳳至町堂金田54-24
TEL: 0768-22-1635
http://www.kato-wajimanuri.com/
E-mail: kato.136@vega.ocn.ne.jp

kisen(喜泉)／有限会社 四津川製作所
所在地:富山県高岡市金屋町6-5
TEL:0766-30-8108
http://www.kisen.jp.net

GALLERY ZIPANG(ギャラリージパング)
所在地:神奈川県横浜市青葉区新石川1-8
あざみ野イースタンビル1F
TEL:045-508-9623
E-mail:galleryzipang@cubicart.info

株式会社 島安汎工芸製作所
所在地:和歌山県海南市大野中507-1
TEL:073-482-3361
http://www.uruwashi-urushi.com/
E-mail:info@shimayasu.com

株式会社 陶香堂
所在地:東京都港区赤坂3-21-12
TEL :03-3583-3915
http://www.utsuwa-tokodo.co.jp/
E-mail:info@utsuwa-tokodo.co.jp

上塗屋中門漆器店
所在地:石川県輪島市二ツ屋町5-16-5
TEL:0768-22-2721
http://www.wajimanuri.info/

輪島キリモト・輪島工房
所在地:石川県輪島市杉平町成坪32
TEL:0768-22-0842
http://www.kirimoto.net/
E-mail:houkiji@big.or.jp

参考文献

『TALK食空間コーディネーターテキスト3級』
(NPO法人食空間コーディネート協会)
『TALK食空間コーディネーターテキスト2級』
(NPO法人食空間コーディネート協会)
『毎日使う漆のうつわ』
赤木明登、高橋みどり、日置武晴 著
(新潮社)
『民藝の教科書3 木と漆』
萩原健太郎 著、久野恵一 監修
(グラフィック社)
『漆器の四季』
西村英太郎 著
(PHP研究所)
『漆塗りの技法書』
十時啓悦、工藤茂喜、西川栄明 著
(誠文堂新光社)
『なぜ、日本はジャパンと呼ばれたか』
中室勝郎 著
(六耀社)
『輪島塗に生きる 塗りと行商の60年』
松本栄太郎 聞書き、柳川昭平 著
(地平社)
『図説 日本のうつわ 食事の文化を探る』
神崎宣武 著
(河出書房新社)
『輪島塗ガイドブック』
(輪島市産業経済部商工業課)

輪島に行ったら訪れたい場所

輪島塗会館 <small>輪島漆器商工業協同組合</small>
1階は、輪島漆器商工業協同組合に加盟する市内約60軒の漆器店
が共同出店している輪島塗のショップ。普段使いの塗箸から高級室
内装飾品まで、さまざまな器が一堂に集まる。2階は輪島塗資料展示
室となっており、輪島塗の製作工程や歴史文化について紹介。特に
製造工程を133個の椀で表現した工程見本の展示は圧巻。

◎石川県輪島市河井町24-55
◎TEL:0768-22-2155
◎http://www.wajimanuri.or.jp/fkaikan.htm
◎E-mail:info@wajimanuri.or.jp

浜 裕子 Yuko Hama

フラワー＆食空間コーディネーター。英語、日本語講師を経て、フラワー・インテリア・テーブルコーディネートをはじめ、食空間プロデュースおよびコンサルティング、パーティー、イベント、広告などの企画・演出を手掛ける。近年は和の歳時記、日本の生活文化を研究し、和と洋の融合と精神性の高いデザインをテーマに、ライフスタイル提案に取り組む。花のある暮らし、生活空間をアートすることをコンセプトに、自宅アトリエにて「花生活空間」を主宰。セミナー、講演活動、執筆、ＴＶ出演などのメディアでの活動も積極的に行っている。著書に『花のテーブルコーディネート』『和のテーブルセッティング』『花のナプキンワーク』『フィンガーフード・50のレシピ』シリーズ、『お茶と和菓子のテーブルセッティング』『おもてなしのテーブルセッティング七十二候』『和食器のきほん』(以上誠文堂新光社)、『ほめられレシピとおもてなしのレッスン』(ＫＡＤＯＫＡＷＡ)ほか多数。フランス、中国、台湾にも翻訳本が出版され、20冊以上の著書がある。ＮＰＯ法人食空間コーディネート協会理事、認定講師。食空間プロデュース会社、幸商事株式会社、代表取締役。

花生活空間
http://www.hanakukan.jp/
E-mail: info@hanakukan.jp
TEL&FAX:03-3854-2181

漆器のあるテーブルセッティング
（しっき）

椀・折敷・重箱など種類や産地から揃え方、上手な組合せまで　NDC 596

2017年1月16日　発　行

著　者	浜 裕子（はま ゆうこ）
発行者	小川雄一
発行所	株式会社 誠文堂新光社
	〒113-0033 東京都文京区本郷3-3-11
	（編集)電話 03-5800-3625
	（販売)電話 03-5800-5780
	http://www.seibundo-shinkosha.net/
印刷・製本	大日本印刷 株式会社

©2017, Yuko Hama.　　　　　　　　　　　　　Printed in Japan

編　集	宮脇灯子
撮　影	野村正治
装丁・デザイン	佐藤アキラ